IoT-Programmierung
mit Node-RED

Erik Bartmann

an Elektor Publication

LEARN | DESIGN | SHARE

Umschlaggestaltung: Elektor, Aachen

Satz und Aufmachung: D-Vision, Julian van den Berg | Oss (NL)
Druck: Media-Print Informationstechnologie GmbH, Paderborn
Printed in Germany

● ISBN 978-3-89576-328-1

Lektorat: Volker Bombien, Bonn
Elektor-Verlag GmbH, Aachen
www.elektor.de

Elektor ist Teil der Unternehmensgruppe Elektor International Media (EIM), der weltweit wichtigsten Quelle für technische Informationen und Elektronik-Produkte für Ingenieure und Elektronik-Entwickler und für Firmen, die diese Fachleute beschäftigen. Das internationale Team von Elektor entwickelt Tag für Tag hochwertige Inhalte für Entwickler und DIY-Elektroniker, die über verschiedene Medien (Magazine, Videos, digitale Medien sowie Social Media) in zahlreichen Sprachen verbreitet werden. **www.elektor.de**

LEARN | DESIGN | SHARE

Kapitel 1 • Einleitung Node-RED

Das Internet der Dinge, im Englischen *IoT* - Internet-of-Things - genannt, ist seit Kurzem in aller Munde und bezeichnet die Verknüpfung von Objekten (Things) in der realen Welt mit denen in der virtuellen Welt (Internet). Es soll alles mit allem verbunden und das Ganze dann in Form einer umfassenden Vernetzung strukturiert sein, so dass eine Kommunikation für den Austausch von Daten jeglicher Art stattfindet. Ich möchte dir in diesem Buch ein System beziehungsweise Werkzeug vorstellen, das von IBM entwickelt wurde und sich *No-de-RED* nennt. Mithilfe einer grafischen Oberfläche ist es in kürzester Zeit möglich, über sogenannte *Flows* Verbindungen zu verschiedenen Geräten oder Instanzen herzustellen, um darüber einen Informationsfluss beziehungsweise Informationsaustausch zu realisieren. Es werden - ähnlich wie z.B. bei der Programmiersprache *Scratch* - vordefinierte Blöcke mit hinterlegten Funktionen zur Verfügung gestellt, die sehr einfach miteinander kombiniert werden können. Diese Blöcke - auch *Nodes* genannt - erfüllen bestimmte Aufgaben und bilden im Verbund die schon erwähnten Flows. In der folgenden Abbildung sehen wir einen kurzen Flow, der eine am Raspberry Pi angeschlossene LED blinken lässt:

Abbildung 1: Node-RED steuert eine LED am Raspberry Pi

Wie du hier erkennen kannst, handelt es sich um eine visuelle Programmierung über vorhandene Blöcke, die aus einem entsprechenden Vorrat entnommen werden. Bei der Entwicklung von Node-RED war das primäre Ziel eine einfache Zusammenführung von Hard- bzw. Software, und darüber eine Programmierschnittstelle zur Verfügung zu stellen, damit auf sehr kurzem Wege eine Kommunikation zwischen Webdiensten und Hardwarekomponenten verwirklicht wird. Die große Auswahl von fertigen Nodes bietet eine sehr gute Voraussetzung für die Erstellung übergreifender Anwendungen, die von der Ansteuerung von Hardware-Pins bis zu High-Level-APIs reicht, wie sie z.B. bei Facebook oder Twitter zum Einsatz kommen. Die außerordentlich gute Handhabung bzw. Übersichtlichkeit und eine sehr gute Erweiterbarkeit sorgen dafür, dass eine breite Zielgruppe angesprochen wird, die vom Anfänger bis zum Spezialisten reicht.

Node-RED ist Open-Source und basiert auf *Node.js*, einer serverseitigen Plattform zur Softwareentwicklung von Netzwerkanwendungen. Die Bezeichnung Node-RED klingt ein wenig wie Code-RED, was dem Projekt sicherlich einen spannenden und aufregenden Touch verleiht, denn beim höchstem Alarmzustand, wird von allen beteiligten eine gesteigerte Aufmerksamkeit und volle Konzentration gefordert.

Ich verwende in diesem Buch zur Bereitstellung von Node-RED einen Raspberry Pi, bei dem es sich um einen kleinen und leistungsstarken Einplatinencomputer handelt. Er ist sehr günstig und lässt sich bei sehr vielen Hard- bzw. Software-Projekte im IOT-Umfeld einsetzen. Das aktuelle Modell ist der Raspberry Pi 3, der einen 1,2GHz Quard-Core Prozessor besitzt. Es sind 1 GByte RAM vorhanden und er verfügt von Hause aus sowohl über ein Wifi- als auch ein Bluetooth-Modul. Natürlich lässt sich das Ganze auch mit einem Raspberry Pi 2, der jedoch standardmäßig nicht über Wifi und Bluetooth verfügt, realisieren. In der folgenden Abbildung sehen wir den Raspberry Pi 3 mit seinen diversen Anschlüssen:

Abbildung 2: Der Raspberry Pi 3 mit seinen Anschlüssen

Wenn es darum geht, z.B. eine LED anzusteuern, stellen die vielen Pins, die sich am GPIO-Header befinden, die Schnittstelle zum Raspberry Pi dar. Wie die Pinbelegung aussieht, werden wir natürlich zu gegebener Zeit noch detailliert unter die Lupe nehmen. Die Internetpräsenz von Node-RED ist unter der folgenden Adresse zu finden:

https://nodered.org/

Dieses Buch stellt keine Einführung in die Programmiersprache *JavaScript* dar, und es ist daher sicherlich nicht verkehrt, wenn du dich damit ein wenig auskennst. Doch ich kann dir versichern, dass es dir nicht zum Nachteil gereicht, wenn du keine Vorkenntnisse besitzt. Ich erläutere alle sprachlichen Konstrukte an Ort und Stelle, also da, wo sie vorkommen, und stelle damit sicher, dass niemand auf der Strecke bleibt, der kein JavaScript-Guru ist. Ich bin es übrigens auch nicht.

Du wirst in diesem Buch weitere sehr interessante elektronische Komponenten bzw. Bauteile kennenlernen. Da ist z.B. das *Arduino-Uno Board*, bei dem es sich um einen sehr populären und verbreiteten Mikrocontroller handelt. An ihm kannst du alle möglichen Sensoren und elektronischen Schaltungen anschließen. Er versendet die Daten dann über den Raspberry Pi an Node-RED. Natürlich ist der Raspberry Pi auch alleine dazu imstande, doch das Gespann aus Raspberry Pi und Arduino bietet noch mehr Möglichkeiten, denn der Arduino ist schon etwas länger auf dem Markt als der Raspberry Pi und verfügt über eine größere Sammlung an elektronischen Beispielen. Wir werden natürlich noch detailliert auf das Mikrocontrollerboard zu sprechen kommen.

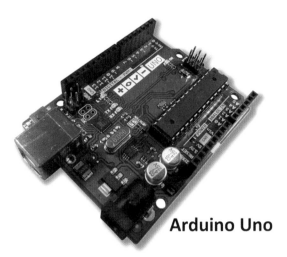

Abbildung 3: Das Arduino-Uno Board

Ein weiteres sehr verbreitetes Board ist das *ESP8266* bzw. *ESP32*. Es handelt sich hier um ein Mikrocontrollerboard, das auf sehr kleinem Raum eine erstaunliche Leistung bietet und mit einem Wifi-Modul ausgestattet ist. Es wurde von der chinesischen Firma *Espressif* entwickelt und verfügt über einen 32-Bit Prozessorkern mit mehreren Megabytes an Flash-Speicher. Es gibt das Board in vielen Ausführungen, angefangen bei dem *ESP-01-Board* mit sehr wenigen Anschlusspins bis hin zum *Node-MCU-Board*, bei dem es sich um ein Entwicklerboard mit vielen Ein- bzw. Ausgabepins handelt. In der folgenden Abbildung sind die beiden Boards für einen Vergleich nebeneinander dargestellt:

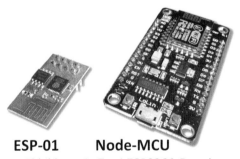

ESP-01   Node-MCU

Abbildung 4: Zwei ESP8266-Boards

Auch sie werden in diesem Buch zum Einsatz kommen und für mehr Spannung bei der Realisierung der entsprechenden Hacks sorgen.

Die vorgestellten Hacks, in denen einige Anwendungsbeispiele besprochen werden, stellen natürlich immer nur einen möglichen Lösungsweg dar, und es wäre vermessen, zu behaupten, dass der jeweils vorgestellte Weg das Non-Plus-Ultra ist. Gerade in Node-RED bzw. in JavaScript - eigentlich in jeder Programmiersprache - gibt es unendlich viele Ansätze, um ein bestimmtes Problem zu lösen. Darum bitte ich dich, das Ganze hier lediglich als einen Vorschlag für die Realisierung zu sehen, denn mit der Häufigkeit der Nutzung von

Node-RED steigt die Erfahrung, und es eröffnen sich weitere Perspektiven, oder es ergeben sich Sichtweisen, die ein neues Licht auf den einen oder anderen Aspekt werfen. Was gestern noch als quasi geniale Lösung erachtet wurde, ist heute überholt und macht Platz für neue Ideen.

Ein schneller Einblick mit FRED

Wenn du dir einen schnellen und einfachen Überblick über Node-RED verschaffen möchtest, weil dir gerade kein Raspberry Pi zur Verfügung steht, auf dem du die Software installieren kannst, ist das kein Problem. Besuche einfach die Internetseite von *FRED*, was für *Frontend für Node-RED* steht. Du findest sie unter der folgenden Internetadresse:

https://fred.sensetecnic.com/

Nach der Registrierung für die freie Version steht dir Node-RED nach kurzer Zeit zur Verfügung. Es besteht jedoch eine Einschränkung hinsichtlich der Anzahl der zu erstellenden Nodes, was aber zu Beginn kein Problem darstellen sollte.

Kapitel 2 • Der Raspberry Pi

Die Zentrale unseres Node-RED wird - wie schon erwähnt - der Raspberry Pi. Dieser kleine Computer stellt ein leistungsstarkes Stück Hardware dar und ist schon seit ein paar Jahren in aller Munde. Er ist für unter 40€ erhältlich und gerade in Bastlerkreisen ein sehr beliebter Vertreter seiner Gattung. Bei seiner Vorstellung 2012 bestand das eigentliche Ziel darin, Menschen an die Thematik Computer heranzuführen, um den Umgang hiermit zu erleichtern und ggf. vorherrschende Berührungsängste abzubauen. Jugendliche und Erwachsene jeden Alters sind seitdem begeistert und basteln und programmieren was das Zeug hält. Wer sich einmal damit befasst hat, kommt schwer wieder davon los.

Der Raspberry Pi
Bevor wir mit der Installation von Node-RED auf dem Raspberry Pi beginnen, sollte ich natürlich ein paar Details zu diesem wirklich guten Einplatinencomputer anführen und zeigen, was du alles benötigst. In der folgenden Abbildung habe ich die wichtigsten Komponenten einmal beschriftet:

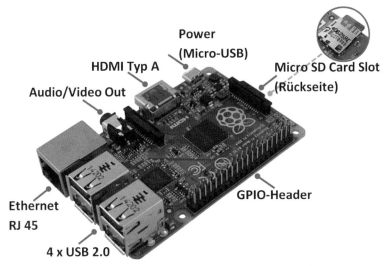

Abbildung 1: Der Raspberry Pi mit seinen Anschlüssen

Das Schöne am Raspberry Pi 3 ist das vorhandene Wifi- und Bluetooth-Modul auf der Platine. Wenn du also eine Netzwerkverbindung zu deinem Router herstellen möchtest, ist nicht unbedingt ein Netzwerkkabel erforderlich. Damit du deinen Raspberry Pi betreiben kannst, benötigst du paar zusätzliche Komponenten, denn ohne eine Spannungsversorgung und diverse andere Dinge geht es beim besten Willen nicht. Schauen wir uns zunächst die folgende Abbildung an, in der die grundlegenden Komponenten gezeigt werden:

Abbildung 2: Der Raspberry Pi und sein grundlegendes Zubehör

Damit der Raspberry Pi überhaupt mit Spannung versorgt werden kann, ist ein 5V-Gleich-spannungsnetzteil erforderlich, das mindestens 2A liefern sollte. Es besitzt einen Mik-ro-USB-Anschluss, wie man ihn auch bei gängigen Smartphones nutzt, und ist für ungefähr 8€ erhältlich. Die Mikro-SD-Karte sollte über mindestens 8GB Speicher verfügen und vom Typ Class 10 sein. Sie kostet ca. 7€. Das Ethernetkabel ist, wie schon angesprochen, nicht unbedingt erforderlich, da der Raspberry Pi 3 über ein Wifi-Modul verfügt und per Funk eine Verbindung zum Router aufnehmen kann, wenn dies unterstützt wird. Kommen wir zu weiteren Komponenten, die für die Ein- bzw. Ausgabe - also zur Kommunikation mit dem Raspberry Pi - erforderlich sind. In der folgenden Abbildung siehst du eine Tastatur mit Maus und ein HDMI-Kabel:

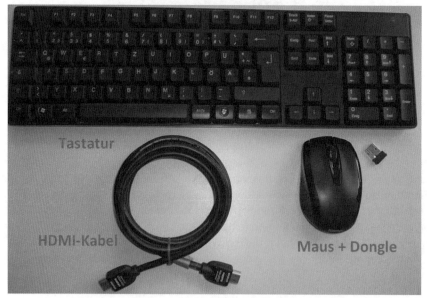

Abbildung 3: Der Raspberry Pi und sein weiteres Zubehör

Um eine Tastatur mit Maus anzuschließen, verwendest du am besten ein Wireless-Paket, das beides enthält und bei dem die Verbindung mittels eines USB-Dongles in Form eines 2.4G-Adapters über einen freien USB-Port erfolgt. Dieses gibt es schon zu einen Preis von etwa 20€. Das HDMI-Kabel mit Steckern vom *Typ-A* ist für ca. 6€ erhältlich. Die meisten TFT-Displays besitzen einen entsprechenden Anschluss, doch das solltest du natürlich immer überprüfen. Alles in Allem ist das Ganze also recht preiswert.

Die Installation des Betriebssystems

Die Installation des Betriebssystems ist recht schnell durchgeführt. Du benötigst an zusätzlicher Hardware ggf. noch ein SD-Karten-Lesegerät, was aber viele Notebooks schon integriert haben. Auf der folgenden Abbildung siehst du einen Adapter von *Mikro-SD auf SD*:

Abbildung 4: Der SD-Karten Adapter

Auf der folgenden Internetseite kannst du das für unsere Zwecke richtige Betriebssystem *Raspbian-Jessie* herunterladen.

https://www.raspberrypi.org/downloads/raspbian/

An dieser Stelle wird immer viel spekuliert, ob man hier die Lite-Version nehmen sollte oder doch lieber die mit der grafischen Benutzeroberfläche. Ich sehe keinen Grund, nicht die Vollversion zu nutzen, denn sie eröffnet umfangreichere Möglichkeiten, sich mit dem Raspberry Pi besser vertraut machen, wenn es darum geht, auch mal etwas Grafisches auszuprobieren, so wie man es vielleicht von Windows gewohnt ist.

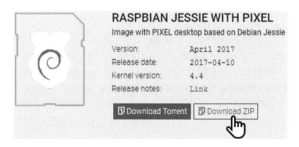

Klicke dort auf das *Download ZIP*-Symbol, um die ZIP-Datei herunterzuladen. Diese muss jetzt noch z.B. mit dem Programm *7-Zip* entpackt werden, so dass du eine Datei mit der Endung *.img* für Image erhältst. Diese muss nun auf die SD-Karte übertragen werden, denn sie enthält das Filesystem des Linux Betriebssystems. Das bloße Kopieren der Datei auf die SD-Karte würde nichts bringen, denn du hättest in diesem Fall lediglich eine 1:1-Kopie der Image-Datei erstellt. Wir benötigen aber das Filesystem, das z.B. mit dem Programm *Win32 Disk Imager* auf der SD-Karte generiert werden kann. Du findest es unter der folgenden Internetadresse:

https://sourceforge.net/projects/win32diskimager/

Lade von dort die Installationsdatei herunter und installiere das Programm. Anschließend startest du es und gehst wie folgt vor, nachdem du die SD-Karte in das Lesegerät eingeschoben hast:

Abbildung 5: Der Win32 Disk Imager

1. Klicke auf das Ordnersymbol und wähle die zuvor entpackte Image-Datei aus.
2. Wähle über die Drop-Down-Liste das Laufwerk aus, auf dem die gerade eingesteckte SD-Karte zu finden ist. Du musst dir an dieser Stelle 100%ig sicher sein, dass du auch wirklich das richtige Laufwerk ausgesucht hast, denn die Daten, die sich möglicherweise darauf befinden, werden gnadenlos überschrieben.
3. Klicke auf die *Schreiben*-Schaltfläche und starte den Schreibvorgang mit der Bestätigung des nachfolgenden Dialogs, der dich noch einmal fragt, ob du ihn auch wirklich durchführen möchtest.

Nach dem erfolgreichen Schreiben des Images auf die SD-Karte kannst du diese aus dem Lesegerät entfernen und in den Slot auf der Rückseite des Raspberry Pi stecken. Wenn du möchtest, kannst du natürlich noch einmal auf die SD-Karte schauen und sie dazu wieder in das Lesegerät einstecken. Du solltest das Folgende sehen, denn es existiert u.a. eine *FAT32*-Partition. Die andere ist für Windows nicht lesbar und wird nicht angezeigt:

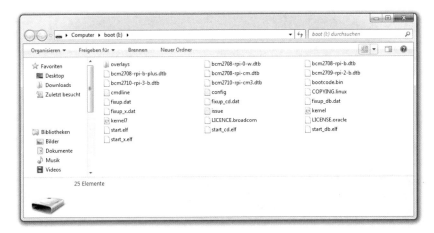

Abbildung 6: Die FAT32-Partition der SD-Karte

Somit scheint alles in Ordnung zu sein.

Verbinde nun in der folgenden Reihenfolge die Komponenten mit deinem Raspberry Pi:

1. Stecke den USB-Dongle für Tastatur und Maus in einen freien USB-Port ein.
2. Verbinde das Netzwerkkabel mit dem Raspberry Pi und stecke es in die RJ-45-Buchse (falls du keine drahtlose Verbindung über Wifi wünschst).
3. Stecke das HDMI-Kabel in die HDMI-Buchse des Raspberry Pi und verbinde es dann mit der HDMI-Buchse des TFT-Displays.
4. Schalte das TFT-Display ein.
5. Verbinde das 5V-Netzteil mit der Micro-USB-Buchse und stecke das Netzteil in die Steckdose.

Nun solltest du nach kurzer Zeit einige Meldungen auf deinem Display sehen. Nach wenigen Sekunden ist dann dein Raspberry Pi betriebsbereit und zeigt dir den Desktop:

Abbildung 7: Der Desktop des Raspberry Pi

Damit ist die Installation des Raspberry Pi Betriebssystems abgeschlossen. Falls du vielleicht später eine schon beschriebene SD-Karte wieder löschen und alle Partitionen entfernen möchtest, ist das Programm *SDFormatter* die richtige Wahl:

Abbildung 8: Der SDFormatter

Du findest es unter der folgenden Internetadresse:

https://www.sdcard.org/downloads/formatter_4/

Der Aufruf des Terminal-Fensters

Wenn du später mit Node-RED direkt auf dem Raspberry Pi arbeiten musst, ist das Öffnen eines Terminal-Fensters unumgänglich. Ein Terminal-Fenster gibt dir die Möglichkeit, direkt mit dem Betriebssystem zu kommunizieren und Befehle entgegenzunehmen. Da dies unter Linux eine essentielle Angelegenheit ist, befindet sich ein Terminal-Symbol zum Öffnen des Fensters direkt auf der Schnellstartleiste am oberen Rand des Desktops:

Abbildung 9: Das Terminal-Fenster-Symbol

Mit einem Klick darauf lässt sich das Fenster dann anzeigen. Ich habe exemplarisch schon einmal einen Befehl eingegeben, der den Node-RED-Server stoppt:

Abbildung 10: Das Terminal-Fenster in Aktion

Die verschiedenen Befehle zur Steuerung des Node-RED-Servers wirst du natürlich noch kennenlernen.

Kapitel 3 • Die Installation und das Frontend von Node-RED

Wenn es um die Installation bzw. die Nutzung von Node-RED geht, hast du den Schnelleinstieg über FRED in der Einleitung schon kennengelernt. Dieser ist natürlich mit einigen Einschränkungen verbunden, und darum ist es allemal besser, sich einen eigenen Server zu installieren. Das ist sowohl auf dem Raspberry Pi, was wirklich eine gute Sache ist und ich wärmstens empfehle, als auch auf einem PC möglich. Ich beginne daher mit den Hinweisen zur Node-RED-Installation auf einem Raspberry Pi und schließe den Komplex mit den entsprechenden Schritten auf einem Windows-basierten Rechner ab. Das Betriebssystem Mac OS X wird natürlich ebenfalls unterstützt.

Die Installation von Node-RED auf dem Raspberry Pi

Auf der Raspbian Jessie-Version *2017-04-10-raspbian-jessie* ist Node-RED in der Version *0.15.3* schon vorinstalliert und kann sofort genutzt werden. Es muss lediglich über den folgenden Befehl in einem Terminal-Fenster gestartet werden:

```
# node-red-start
```

Nach der Bestätigung dieses Befehls laufen einige Meldungen durch das Fenster, die du dir auf jeden Fall genauer anschauen solltest. Dort finden sich wichtige Hinweise für die Handhabung des Servers und den späteren Zugriff darauf. Hier die wichtigsten Befehle:

Befehl	Bedeutung
# node-red-start	Starten des Node-RED Servers
# node-red-stop	Stoppen des Node-RED Servers
# node-red-log	Anzeigen der Log-Datei
# sudo systemctl enable nodered.service	Akrivieren des automatischen Startens von Node-RED beim Booten
# sudo systemctl disable nodered.service	Deaktivieren des automatischen Startens von Node-RED beim Booten

Da Node-RED auf dem angegebenen Betriebssystem für den Raspberry Pi schon vorinstalliert ist, kannst du von der vorhandenen Erweiterung z.B. für den Zugriff auf die GPIO-Schnittstelle profitieren. Dazu später mehr.

Da es sich um eine Server-Anwendung handelt, kannst du diese natürlich innerhalb des Netzwerkes erreichen und über einen Browser aufrufen. Dazu ist natürlich eine IP-Adresse erforderlich. Der Aufruf auf dem Raspberry Pi selbst erfolgt über eine der beiden folgenden Zeilen:

```
http://127.0.0.1:1880
```
oder
```
http://localhost:1880
```

Für den Zugriff von einem anderen Rechner auf Node-RED ist natürlich die IP-Adresse des Raspberry Pi erforderlich, die natürlich bei jedem anders lauten kann, in meinem Fall 192.168.178.27, was bedeutet, dass ich beispielsweise auf meinem Windows-Rechner z.B. mit Firefox oder Chrome die folgende URL in die Adresszeile eingeben muss:

```
http://192.168.178.27:1880
```

Hinter der IP-Adresse muss zusätzlich noch mittels Doppelpunkt von dieser separiert der Port 1880 angegeben werden. Diese Information wird während des Startens des Node-RED Servers im Terminal-Fenster angezeigt, du musst dir also nicht den Kopf darüber zerbrechen, wie denn nun die IP-Adresse deines Raspberry Pi lautet. Natürlich kannst du sie auch mittels der folgenden Befehlszeile in Erfahrung bringen:

```
# ifconfig
```

Falls du ein Betriebssystem auf dem Raspberry Pi verwenden solltest, dass von Hause aus noch über kein vorinstalliertes Node-RED verfügt, kannst du es über die folgenden Befehlszeilen leicht nachinstallieren:

```
# sudo apt-get update
# sudo apt-get upgrade
# sudo apt-get install nodered
```

Bestätige die nachfolgende Aufforderung mit *J* bzw. *Y*. Die Installation ist nun nach kurzer Zeit abgeschlossen.

Wenn du alle Schritte erfolgreich durchgeführt hast, ist es an der Zeit, den Zugriff auf den Node-RED Server zu testen, indem du deine IP-Adresse des Raspberry Pi inklusive Portnummer 1880 in die Adresszeile deines Web-Browsers eingibst. Nach kurzer Zeit sollte sich der Node-RED Server mit der folgenden Seite melden:

Abbildung 1: Node-RED meldet sich im Browser

Auf die einzelnen Bereiche dieser Benutzeroberfläche werde ich gleich genauer eingehen.

Ein Update für ein bestehendes Node-RED

Zum Zeitpunkt der Erstellung des Manuskriptes für dieses Buch war schon eine neuere Node-RED-Version *0.16.2* verfügbar. Da es aber eine recht komplexe Angelegenheit ist, Node-RED mit allen Abhängigkeiten auf den neuesten Stand zu bringen, existiert für den Raspberry Pi mit *Raspbian Jessie* ein Skript, dass alle erforderlichen Aufgaben übernimmt. Nähere Informationen findest du auf der folgenden Internetseite:

https://nodered.org/docs/hardware/raspberrypi

Dort ist u.a. die folgende Befehlszeile enthalten, die du in einem Terminal-Fenster ausführen musst:

```
# bash <(curl -sL https://raw.githubusercontent.com/node-red/
raspbian-deb-package/master/resources/update-nodejs-and-nodered)
```

Die Installation dauert ca. 20-30 Minuten. Nach erfolgreichem Abschluss werden die folgenden Informationen im Terminal-Fenster angezeigt:

```
Stop Node-RED                        ✔
Remove old version of Node-RED       ✔
Remove old version of node.js        ✔
Install node.js LTS                  ✔   Node v6.10.3   Npm 3.10.10
Clean npm cache                      ✔
Install Node-RED core                ✔   0.16.2
Install extra nodes                  ✔
Install serialport node              ✔
Npm rebuild existing nodes           ✔
Add menu shortcut                    ✔
Update systemd script                ✔
Update update script                 ✔
```

Abbildung 2: Update-Hinweise des Skriptes

Zu erkennen sind die Versionshinweise für *node.js* (v6.10.4), *npm* (3.10.10) und *Node-RED* (0.16.2).

Die Installation des Node Package Manager

Wenn du später - und das wird sicherlich der Fall sein - verschiedene Node-RED-Erweiterungen installieren möchtest, ist es erforderlich, den sogenannten *Node Package Manager* zu installieren. Dies erledigst du ebenfalls in einem Terminal-Fenster. Nach dem manuellen Start von Node-RED werden dir die erforderlichen Kommandozeilen sogar im Terminal-Fenster angeboten. Sie lauten wie folgt:

```
# sudo apt-get install npm
# sudo npm i -g npm@2.x
```

Dieser Packet Manager wird in der JavaScript-Laufzeitumgebung von *node.js* genutzt. Es schadet also nicht, ihn direkt mitzuinstallieren.

Doch kommen wir noch einmal zurück zum Node-RED-Server.

Der Node-RED Server

In der folgenden Abbildung siehst du, wie der Raspberry Pi mit seinem Node-RED Server als zentrale Instanz arbeitet, um darüber die unterschiedlichsten Clients zu bedienen.

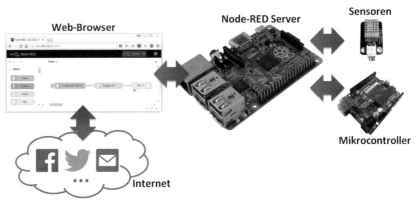

Abbildung 3: Node-RED als zentraler Server

Eine sehr interessante Sache ist natürlich die Kommunikation mit diversen Internetdiensten wie z.B. *facebook*, *Twitter*, *Email*, *MongoDB* und einigen anderen. Ebenso ist eine Kommunikation mit verschiedenen Mikrocontrollern wie z.B. dem *Arduino* oder dem *ESP8266* möglich, was die Einsatzgebiete extrem vergrößert und unbegrenzte Möglichkeiten bietet. Neben dem Raspberry Pi als Server-Instanz werden natürlich auch die bekannten Betriebssysteme wie *Windows*, *Mac OSX* und *Linux* unterstützt, und wer einen *BeagleBone Black* besitzt, kann sich ebenfalls über eine entsprechende Unterstützung freuen. Hier einige interessante Links, die sicherlich hilfreich sein werden:

http://nodered.org/docs/hardware/arduino

http://nodered.org/docs/hardware/beagleboneblack

Das Node-RED-Frontend

Vielleicht sind dem einen oder anderen die Bezeichnungen *Flow* oder *Node* noch etwas unklar, und deswegen möchte ich die Begriffe an dieser Stelle ein wenig erläutern. Sehen wir uns dazu die Oberfläche - auch *Frontend* genannt - von Node-RED im Browser genauer an und betrachten die verschiedenen Bereiche:

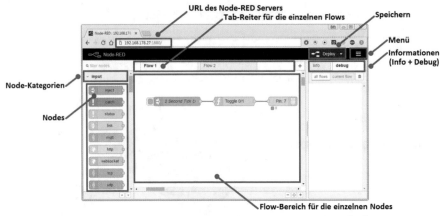

Abbildung 4: Was ist wo im Node-RED Frontend zu finden

Das Frontend ist sehr übersichtlich gestaltet und in einzelne logische Bereiche unterteilt, so dass das Wiederfinden der wichtigsten Bedienelemente sichergestellt ist. Die Aktionen, die ausgeführt werden sollen, sind in sogenannten *Nodes* gekapselt, die auf der linken Seite in verschiedenen *Kategorien* mit sprechenden Namen organisiert sind.

Die Node-Paletten

Um die zahlreichen Nodes auch recht schnell zu finden, sind diese verschiedenen Kategorien zugeordnet, die sich Paletten nennen:

Abbildung 5: Verschiedene Node-RED-Paletten

Diese können je nach Bedarf auch erweitert werden und es findet sich im Internet eine ganze Sammlung nützlicher Erweiterungen. Eine dem ursprünglichen Node-RED hinzugefügte Palette ist hier die für den Raspberry Pi, die standardmäßig nicht vorhanden ist. Auf der folgenden Seite findest du sicherlich ein paar interessante Flows bzw. Nodes, die den Node-RED Server sinnvoll erweitern:

https://flows.nodered.org/

Um die in einer Palette enthaltenen Nodes sichtbar bzw. unsichtbar zu machen, klicke einfach auf das kleine Dreieck vor dem Kategorienamen.

Die Nodes

Die verschiedenen Aktionen, die ausgeführt werden sollen, verbergen sich wie gesagt hinter den *Nodes*. Eine einzelne Node wird aus der betreffenden Palette per *Drag & Drop* herausgezogen und auf der freien Flow-Fläche - auch *Workspace* genannt - abgelegt:

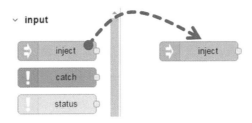

Eine einzelne Node stellt natürlich noch keinen *Flow* dar. Wenn wir jetzt eine zweite Node hinzufügen und sie auf der freien Fläche ablegen, kann nun ein Flow erstellt werden. Die einzelnen Nodes verfügen über kleine graue Verbindungsstellen (hier rot umrandet).

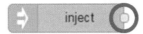

Wenn du mit der Maus darauf klickst und bei gedrückter Maustaste das angezeigte Fadenkreuz an den Verbindungspunkt der folgenden Node ziehst, die dann bei der Annäherung orange aufleuchtet, und die Maustaste dort loslässt, entsteht ein Flow, der eine Aufgabe erfüllt bzw. einen *Task* ausführt.

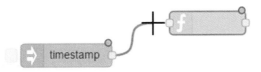

Auf diese Weise kann ein sehr umfangreicher Flow entstehen. In der folgenden Abbildung siehst du den dir schon bekannten Flow:

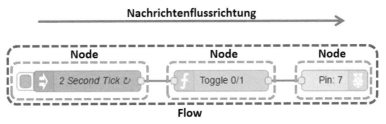

Abbildung 6: Mehrere Nodes bilden einen Flow

Über die gezogenen Verbindungslinien werden Informationen bzw. Nachrichten von einer Node zur nächsten weitergeleitet und dort verarbeitet. Natürlich muss jede Node noch konfiguriert werden, denn die eigentliche Funktion steht noch nicht fest. Du musst einen Doppelklick auf sie ausführen, um ihre Eigenschaften festzulegen. Eine nützliche Einrichtung ist die Anzeige von Informationen zur gerade ausgewählten Node, die auf dem info-Reiter auf der rechten Seite des Frontends eingeblendet werden:

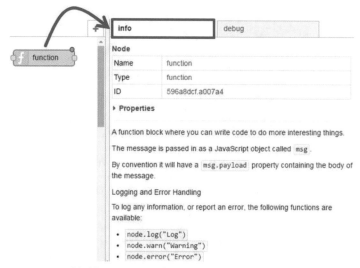

Abbildung 7: Nützliche Node-Informationen

Es gibt eine Möglichkeit, eine neue Node in einen bestehenden Nachrichten-Flow zwischen zwei Nodes einzufügen, die sehr nützlich ist.

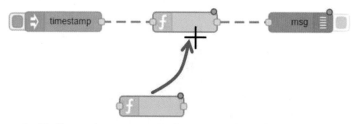

Abbildung 8: Einfügen einer neuen Node in einen bestehenden Nachrichtenflow

Ziehe dazu die einzufügende Node auf die Linie des schon vorhandenen Nachrichten-Flows zwischen zwei Nodes. Die durchgehende Linie wird zu einer gestrichelten, und wenn du nun die Node dort loslässt, wird sie zwischen den beiden bestehenden eingefügt.

Eine Node editieren

Schauen wir uns das Editieren der Node-Eigenschaften anhand der Inject-Node genauer an. Diese Node befindet sich in der *Input*-Palette und wird hier in meinem Beispiel-Flow an erster Stelle angezeigt.

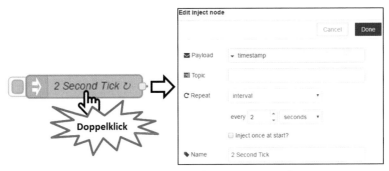

Abbildung 9: Wir editieren eine Node

Eine Node besitzt spezielle Eigenschaften, die es zu modifizieren gilt. Unsere Inject-Node injiziert - wie der Name schon vermutet - etwas in den Flow. Was das ist, muss über diverse Eigenschaften festgelegt werden. Ich habe mich dafür entschieden, dass diese Node einen Timestamp, also einen Zeitstempel in den Flow einspeist, und das in regelmäßigen Abständen. Dies wird mittels des Intervalls von 2 Sekunden definiert ist. Zudem habe ich der Node einen aussagekräftigen Namen gegeben, damit die Funktion bzw. Aufgabe beim Betrachten des Flows sofort ersichtlich ist. Wie das alles später im Detail funktioniert, wirst du natürlich noch sehen. Um eine Node oder auch mehrere aus dem Flow zu entfernen, musst du sie mit der Maus anklicken, so dass sie rot umrandet wird. Du kannst mit gedrückter linker Maustaste einen Rahmen um die zu löschenden Nodes ziehen, so dass sie alle markiert werden. Wenn du einzelne Nodes speziell selektieren möchtest, halte beim Klicken auf die gewünschten Nodes mit der Maustaste die *Strg*-Taste gedrückt. Abschließend drückst du zum Löschen der ausgewählten Nodes die *Entf*-Taste, die die Nodes vom Flow entfernt. Auf die gleiche Weise kannst du auch die Linien für die Nachrichten zwischen den einzelnen Nodes entfernen. Durchgeführte Aktionen wie z.B. das Löschen von Nodes bzw. Flows kannst du über die Tastenkombination *Strg-Z* wieder rückgängig machen. Das ist sicherlich eine sinnvolle Einrichtung gegen das versehentliche Löschen. Natürlich gibt es auch ein *Copy & Paste*, was über die bekannten Tastenkürzel *Strg-C* und *Strg-V* zu realisieren ist. So kannst du ggf. auf sehr einfache Weise schon verwendete Strukturen ohne langes Neuerstellen einfach kopieren.

Ein Flow

Wie mehrere Nodes einen Flow bilden, der einen Task abbildet, haben wir bereits gesehen. Damit ein Flow jedoch Informationen von einer Node zur nächsten weiterreichen kann, muss dieser Prozess erst einmal angestoßen werden. Dies kann manuell oder auch automatisch geschehen. Du hast gesehen, dass die Inject-Node bei entsprechender Konfiguration automatisch einen Zeitstempel an ihren Ausgang leitet, der dort von der nächsten Node entgegengenommen und weiterverarbeitet wird. Eine manuelle Einspeisung kann wie folgt eingeleitet werden:

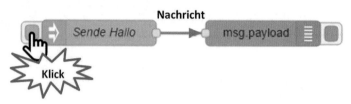

Abbildung 10: Manuelle Einspeisung in einen Flow

Die *Inject*-Node verfügt auf der linken Seite über eine kleine Schaltfläche, die mit dem Mauszeiger in Form einer Hand angeklickt werden kann. Wenn du darauf klickst, kann bei entsprechender Konfiguration der Node eine bestimmte Aktion erfolgen. Ich habe die Node wie folgt konfiguriert, so dass der Text *Hallo* in den Flow geschickt wird.

Abbildung 11: Die Konfiguration der Inject Node sendet "Hallo" in den Flow.

Der Begriff *Payload* bedeutet Nutzlast und umschreibt die zu transportierende Informationseinheit also die Nachricht. Sie wurde hier als Zeichenkette mit dem Inhalt *"Hallo"* definiert. Da die Eigenschaft Repeat auf *None* steht, erfolgt keine regelmäßige Abarbeitung in einem Intervall, sondern eine manuelle Triggerung beim Anklicken der genannten Schaltfläche. Diese Zeichenkette wird an eine sogenannte *Debug*-Node weitergeleitet, die die Payload anzeigt. Im *Debug*-Reiter des Frontends kannst du dann die versendete Zeichenkette sehen:

Abbildung 12: Der Debug-Reiter

Doch ich habe schon ein wenig vorgegriffen, denn bevor der erstellte Flow überhaupt aktiv sein kann, muss ein *Deploy* durchgeführt werden. Der Begriff Deploy bedeutet übersetzt "Bereitstellung" und bewirkt eigentlich nichts anderes, als dass der Flow gespeichert und ausgeführt wird.

Der Deploy
Ein *Deploy* wird über die gleichnamige Schaltfläche am rechten oberen Rand des Frontends

eingeleitet und mit einer entsprechenden Meldung quittiert.

Abbildung 13: Die Deploy-Schaltfläche

Wenn der Vorgang erfolgreich abgeschlossen, erscheint am oberen Rand des Frontend in der Mitte die folgende Meldung:

Abbildung 14: Der Deploy wurde erfolgreich durchgeführt

Über das kleine weiße Dreieck kannst du - falls gewünscht - noch die Art des Deploys auswählen:

Abbildung 15: Die Art des Deploys

- *Full*: Führt einen komplette Deploy durch.
- *Modified Flows*: Führt nur einen Deploy der Flows durch, die geändert wurden.
- *Modified Nodes*: Führt nur einen Deploy der Nodes durch, die geändert wurden.

Mehrere Flows

Da du am oberen Rand des Frontends sicherlich schon den Reiter des ersten Flows mit der Bezeichnung *Flow 1* gesehen hast, liegt der Verdacht nahe, dass es mehr als einen einzigen Flow geben kann. Über das Plus-Zeichen in der Zeile für die Bezeichnung des Flow-Reiters können weitere Flows hinzugefügt werden:

Abbildung 16: Einen neuen Flow hinzufügen

Alle neuen Flows erhalten einen neuen Index. In unserem Fall erhalten wir nach dem Anklicken des Plus-Zeichens den folgenden Flow:

Abbildung 17: Ein neuer Flow wurde hinzugefügt

Da diese Art der Namenskonvention nicht gerade aussagekräftig ist, besteht natürlich auch die Möglichkeit, jeden Flow mit einem speziellen aussagekräftigen Namen zu versehen. Das funktioniert folgendermaßen:

Abbildung 18: Einen Flow umbenennen

Klicke auf die 3 weißen Linien und wähle dann im sich öffnenden Menü unter *Flows* den Punkt *Rename* aus. Im nachfolgenden Dialog kannst du einen neuen Namen vergeben:

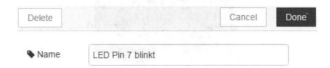

Abbildung 19: Einen Flow mit einem neuem Namen versehen

Nach der Bestätigung über die rote *Done*-Schaltfläche weist der Flow den von dir angegebenen Namen auf:

Abbildung 20: Der Flow-Reiter zeigt den neuen Namen an.

Im gezeigten Menü kannst du weitere Aktionen bezüglich der Flows durchführen. Auch hier ist es möglich, einen neuen Flow hinzuzufügen, ihn umzubenennen und auch wieder zu löschen.

Weitere interessante Menüpunkte werde ich zu gegebener Zeit ansprechen und sie mit einem sinnvollen Hack in Verbindung bringen, denn was nützt es, wenn ich vorab schon alles erläutere und nicht anhand einer sinnvollen Aktion veranschauliche. Das Meiste wird dann wieder vergessen und du müsstest erneut nachschlagen und alles noch einmal durchführen.

Ich denke, dass dies als kleine Einführung reichen sollte. Wir werden uns nun konkreten Projekten zuwenden und reale Objekte bauen, damit sich ein Erfolgsgefühl einstellt und natürlich der Spaß nicht zu kurz kommt, denn der ist in meinen Augen das Wichtigste! Gehen wir das also gleich nach den Hinweisen zur Node-RED-Installation auf einem PC bzw. Mac an.

Die Installation von Node-RED auf dem PC oder Mac

Auf einem PC ist die Node-RED Installation in wenigen Schritten durchgeführt. Die Installationsdatei findest du unter der folgenden Internetadresse:

> https://nodejs.org/en/download

Wie du dort siehst, werden sowohl Windows als auch Mac OS X unterstützt. Du musst dich dann noch für eine 32-Bit bzw. 64-Bit-Version entscheiden:

Ich zeige dir jetzt die Schritte zur Installation auf einem PC. Nach dem Download der *msi*-Datei musst du diese ausführen und den Installationsdialogen folgen. Das Ganze ist in weniger als einer Minute abgeschlossen. Damit hast du aber noch nicht Node-RED installiert, sondern das basierende *Node.js*, was für die Ausführung von Node-RED erforderlich ist. Im nächsten Schritt musst du die Eingabeaufforderung mit Administratorrechten öffnen. Das Programm, das einem Terminal-Fenster gleicht, ist unter *Start|Zubehör* zu finden. Klicke mit der rechten Maustaste auf den Eintrag und wähle den Menüpunkt:

Überprüfe mit dem Befehl *node --version*, ob *Node.js* korrekt und in der richtigen Version installiert wurde:

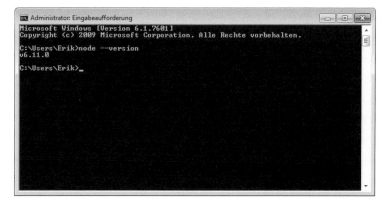

Abbildung 21: Die Version von Node.js überprüfen

Bei mir ist also die Version *v6.11.0* installiert. Das ist schon mal in Ordnung. Im folgenden Schritt musst du über den Node Package Manager Node-RED installieren. Führe dazu in der Eingabeaufforderung das folgende Kommando aus:

```
C:> npm install -g --unsafe-perm node-red
```

Nach dieser Installation musst du lediglich noch den Befehl

```
C:> node-red
```

eingeben, und wenn die Firewall den Zugriff beanstandet, diesen Zugriff dann zulassen. Im Anschluss kannst du in deinem Browser die URL

```
127.0.0.1:1880
```

eingeben und Node-RED sollte sich öffnen. Alles sollte nun fertig sein für einen ersten Start mit Node-RED auf einem PC.

Kapitel 4 • Nodes, Flows und Nachrichten

Du bist mit den grundlegenden Details zu Nodes bzw. Flows vertraut. In diesem Kapitel wollen wir - bevor wir mit konkreten Hacks starten – nun noch einen genaueren Blick auf die Nachrichten werfen, die in einem Flow zwischen den Nodes ausgetauscht werden. Die Nodes besitzen Ein- bzw. Ausgänge, die als Schnittstellen fungieren, um den Informationsfluss in einem Flow zu gewährleisten. Grundlage für die Programmierung in Node-RED ist die Sprache *JavaScript*. Andererseits wird *HTML* dazu verwendet, um das Erscheinungsbild der Nodes im Web-Browser festzulegen. Das ist für uns jedoch nicht das primäre Ziel und wir konzentrieren uns auf die Programmiersprache JavaScript. Wenn es um JavaScript geht, kommt man nicht um die *Objektorientierte Programmierung* herum, wie das in fast allen modernen Sprachen wie z.B. Java, C++, C etc. der Fall ist.

Ein Objekt in JavaScript

Ein Objekt orientiert sich an der Wirklichkeit und kann die unterschiedlichsten Eigenschaften aufweisen. Nehmen wir als Beispiel z.B. ein Apfel. Er besitzt verschiedene Eigenschaften wie z.B. die Sorte, eine Farbe und eine Geschmacksrichtung.

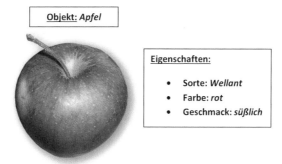

Abbildung 1: Der Apfel als Objekt

Übertagen wir das auf die Programmierung, dann sieht das dort ähnlich aus. Nehmen wir als Beispiel eine Person, die natürlich sehr viele "Eigenschaften" - positive wie negative J - besitzt. Die naheliegendsten sind *Vorname* und *Nachname*. In JavaScript würde die Deklaration eines entsprechenden Objektes wie folgt aussehen:

```
var person = {vorname: "Erik", nachname: "Bartmann"};
```

Das Objekt trägt den Namen *person* mit den Eigenschaften *vorname* und *nachname*. Um in JavaScript bzw. Node-RED auf die Eigenschaften des Objektes zugreifen zu können, wird die folgende Notation verwendet:

```
Objekt.Eigenschaft
```

Objekt und Eigenschaft sind durch den sogenannten Punktoperator miteinander verknüpft. Der konkrete Zugriff auf die Eigenschaften unserer Person mit der entsprechenden Variablen-Zuweisung würde wie folgt aussehen:

```
var vn = person.vorname;
var nn = person.nachname;
```

Über das Schlüsselwort *var* wird eine Variable bzw. ein Objekt deklariert. In Node-RED gibt es standardmäßig ein Nachrichtenobjekt mit dem Namen *msg*. Es besitzt von Hause aus drei Eigenschaften:

```
var msg = {payload: "Daten", topic: "Header", _msgid: "6f21669b.90de98"};
```

Was bedeuten diese drei Eigenschaften und welchen Sinn haben sie? Hier eine kurze Beschreibung:

- *payload* - speichert die Nutzdaten einer zur übertragenden Nachricht und kann jegliche Form annehmen.
- *Topic* - speichert das übergeordnete Thema einer Nachricht, so dass eine Klassifizierung möglich ist.
- *_msgid* - beinhaltet eine interne ID zur Kennzeichnung der Nachricht.

Machen wir doch einen ersten Versuch und widmen uns dem Timestamp, der über die *Inject*-Node versendet werden kann. Hierfür werden drei Nodes benötigt, wie das im folgenden Flow zu sehen ist:

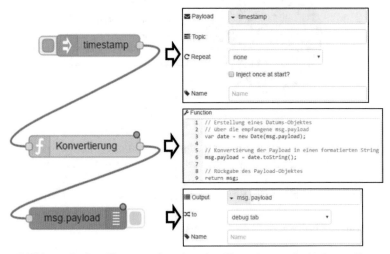

Abbildung 2: Der Flow zur Anzeige des Timestamps in lesbarer Form

Sehen wir uns im Detail an, was hier passiert. Die *timestamp*-Node schickt als Nachricht den Zeitstempel ab, der in Form einer sehr langen Zahl, wie z.B. *1493473960198*, auf die Reise geht. Hinter dieser Zahl verbirgt sich das aktuelle Datum inklusive Uhrzeit. Nähere Informationen dazu finden sich im Internet. Um daraus eine für den Menschen lesbare und verständliche Form zu generieren, muss diese Zahl konvertiert werden. Das erfolgt in der *function*-Node.

Die Programmierung in JavaScript ist *case-sensitive*, was bedeutet, dass zwischen Klein- und Großschreibung unterschieden wird. Jede einzelne Befehlszeile muss mit einem Semikolon abgeschlossen werden.

Diese weist den folgenden Code auf, den wir uns genauer anschauen sollten:

```
// Erstellung eines Datums-Objektes
// über die empfangene msg.payload
var date = new Date(msg.payload);
// Konvertierung der Payload in einen formatierten String
msg.payload = date.toString();
// Rückgabe des Payload-Objektes
return msg;
```

Die Variable *date*, die über das Schlüsselwort *var* definiert wird, erhält über die Funktion *Date* mithilfe des Timestamps aus der Payload den Datums- bzw. Zeitwert. Um diesen Datumswert, der sich jetzt in der Variablen *date* befindet, als Nachricht an die nächste Node weiterzuleiten, muss noch eine Konvertierung in eine Zeichenkette erfolgen, was durch die *toString*-Funktion geschieht. Das Ergebnis wird letztendlich der Eigenschaft *payload* zugewiesen. Diese Funktion rechnet also die empfangene Payload entsprechend um, so dass sie in lesbarer Form als Nachricht weitergeleitet wird. Das Ende der Funktion bildet der Aufruf von *return*, womit das *msg*-Objekt zurückgeliefert wird. Die nachfolgende Node nimmt diese Nachricht dankbar entgegen, um sie anzuzeigen. Die *debug*-Node hat als Output genau *msg.payload* definiert und schickt das Objekt an das *Debug*-Tab auf der rechten Seite des Frontends:

```
29.4.2017 15:26:47  5b83e3db.d6e6dc
msg.payload : string [40]
Sat Apr 29 2017 15:26:13 GMT+0200
(CEST)
```

Abbildung 3: Die Anzeige des lesbaren Timestamps

Das schaut doch viel besser aus, als irgendeine lange Zahl, unter der sich niemand etwas vorstellen kann.

Du hast nun einiges über das Weiterreichen von Nachrichten gelernt und das ist erst der Anfang. Da ich gerade schon das Wort Anfang nutze, sollte ich an dieser Stelle vielleicht etwas über den Anfang und das Ende von Nodes erzählen. Es gibt die unterschiedlichsten Nodes, die über unterschiedliche Positionierungen der schon erwähnten kleinen grauen Verbindungsstellen verfügen. Bei einigen Nodes befinden sie sich auf der linken, bei anderen auf der rechten Seite, und manche weisen sie auf beiden Seiten auf. Genau diese Nodes haben wir gerade verwendet. Dann schauen wir hier mal genauer hin:

Input-Nodes
Eine *Input*-Node speist Nachrichten in einen Flow ein, und das haben wir mit der *Inject*-Node gemacht:

Ihr Ausgang befindet sich auf der rechten Seite der Node und ist mindestens einmal vorhanden. Es gibt auch Nodes, die zwei oder mehrere Ausgänge besitzen, was individuell konfiguriert werden kann. Als Beispiel dient hier z.B. die *function*-Node, zu der wir jetzt kommen.

Processing- bzw. Function-Nodes

Über eine Processing- bzw. Function-Node werden Daten verarbeitet. Sie nehmen diese also über ihren Eingang entgegen, verarbeiten sie und leiten sie an ihren Ausgang weiter, so dass sie von der nachfolgenden Node weiterverarbeitet werden:

Derartige Nodes sind an den auf beiden Seiten vorhandenen Verbindungsstellen zu erkennen. Hier sind Programmierkenntnisse angesagt, wie du das schon bei Umrechnung des Zeitstempels gesehen hast. Wie ich schon erwähnt habe, kannst du dieser Node zwei oder mehrere Ausgänge hinzufügen, was bedeutet, das unterschiedliche Ausgangsnachrichten - wir kommen noch genauer darauf zu sprechen - zu mehreren Stellen geleitet werden können. Hierfür nutzt du die Konfiguration der *function*-Node, die durch einen entsprechenden Doppelklick aufgerufen wird. Am unteren Rand des Dialogs findest du die folgende Einstellmöglichkeit:

Ich habe hier zwei Ausgänge definiert, was sich in der *function*-Node wie folgt bemerkbar macht:

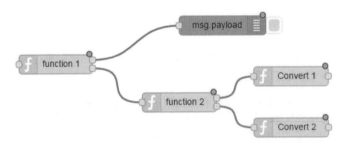

Wie du unschwer erkennen kannst, sind hier komplexe Nachrichtenverläufe realisierbar. Für die *function*-Node gibt es eine sehr interessante und nützliche Einrichtung - es ist möglich, verwendeten Code in einer Library (Bibliothek) zu speichern, so dass er für weitere Projekte zur Verfügung steht und nicht immer neu geschrieben werden muss. Wenn du die Eigenschaften der function-Node über einen Doppelklick aufgerufen hast, siehst du auf der rechten Seite des Funktionsnamen ein kleines *Buch*-Symbol. Wenn du darauf klickst, öffnet sich ein Auswahlmenü, um Daten abzurufen oder zu speichern:

Abbildung 4: Die Verwaltung von Funktionen in einer Library

Sehen wir uns das Speichern von Funktionscode in diese Bibliothek einmal genauer an. Ich möchte also den Code der gerade geöffneten Node speichern und wähle den Menüpunkt *Save to Library*. Im folgenden Dialog kann ich dann einen Ordner benennen, in dem meine Funktion mit dem entsprechenden Code gespeichert wird:

Abbildung 5: Die Speicherung meiner Funktion in einer Library

Um deine zahlreichen Funktionen gut wiederzufinden, solltest du dir eine Struktur mit entsprechenden Namen überlegen. Meine Funktion soll eine Datumsumrechnung vornehmen und ich habe sie aus diesem Grund im Ordner *Konvertierung* abgelegt. Eine erfolgte Speicherung wird entsprechend kommentiert:

Der Abruf der gespeicherten Funktionen erfolgt über den Menüpunkt *Open Library*. Wenn du deine Funktion in deiner Ordnerstruktur auswählst, wird auf der rechten Seite der betreffende Code angezeigt. Dadurch wird das Wiederfinden von gespeicherten Informationen zusätzlich erleichtert:

Abbildung 6: Das Abrufen einer Funktion aus einer Library

Schauen wir uns doch einmal an, wie du Nachrichten verändern oder neu erstellen kannst. Das vorhandene *msg*-Objekt besitzt ja - wie du schon weißt - eine *payload*-Eigenschaft. Anpassen einer eingehenden Nachricht:

Diese kannst du während des Flows natürlich anpassen.

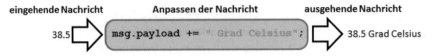

Erstellen einer neuen Nachricht:

Natürlich muss die Eigenschaft nicht immer den Namen *payload* tragen, sie muss dann jedoch später bei der Abfrage einer entsprechenden Anpassung unterzogen werden.
Es gibt noch weitere Varianten, Nachrichten an einen oder mehrere Ausgänge zu versenden, doch ich denke, dass ich das besser anhand konkreter Beispiele erläutere, als hier noch mehr trockenes Wissen zu vermitteln.

Output-Nodes
Eine *Output*-Node sendet empfangene Nachrichten an Ausgabeinstanzen wie z.B. das Debug-Fenster. Wir haben eine derartige Node schon verwendet und über die *debug*-Node realisiert:

Du hast schon gesehen, dass diese *debug*-Node Informationen an das Debug-Fenster des Frontend schickt. Auf der rechten Seite dieser Node befindet sich eine kleine Schaltfläche, wie du das schon bei der *inject*-Node gesehen hast. Du kannst mit jeden Mausklick darauf die Debug-Funktion deaktivieren bzw. wieder aktivieren. Das ist eine nützliche Einrichtung, um z.B. bei einer Fehlersuche oder zu Analysezwecken mehrere *debug*-Nodes individuell anzupassen und so den Nachrichtenfluss zu überwachen. In welchem Zustand sich diese Node befindet, ist optisch an der sich ändernden Schaltfläche zu erkennen:

Es gibt natürlich auch andere Output-Nodes, die z.B. Nachrichten an die verschiedensten Internetdienste versenden, wie z.B. *Twitter*, *Email* oder ähnliche:

Derartige Nodes verfügen über mindestens einen Eingang. Die Nodes sind am rechten oberen Rand hier und da mit kleinen farbigen Sybolen (blaue Kreise bzw. rote Dreiecke) versehen. Die Bedeutung wird zu einem späteren Zeit noch erläutert.

Grundlegende Aufgaben der Nodes

Natürlich würde es den Rahmen dieses Buches sprengen, wenn ich zu allen Nodes eine Erläuterung anführen würde. Zudem gibt es im Internet noch 3rd-Party-Nodes, die eine schier unglaubliche Fülle an Erweiterungen bereitstellen. Im Großen und Ganzen können wir jedoch sicherlich festhalten, dass die Nodes das Herzstück eines Flows sind und die Arbeit verrichten. Ich möchte einen kleinen Überblick über die Möglichkeiten liefern - die nachfolgende Liste ist aber bei Weitem nicht vollständig:

- Empfangen und Versenden von Daten aus bzw. ins Internet
- Speicherung bzw. Abruf von Daten aus Datenbanken
- MQTT-Verbindung für eine Maschine-zu-Maschine-Kommunikation wie z.B. zum Arduino oder ESP8266
- Zugriff auf die GPIO-Pins des Raspberry Pi
- Abruf von bereitgestellten Daten aus dem Internet wie z.B. Wetterinformationen, Börsendaten, News etc.
- Versenden von Messdaten an Plattformen wie z.B. *Think Speak* zur grafischen Aufbereitung und Speicherung

Importieren von Fremdcode

Um Flow-Beispiele z.B. aus dem Internet in deinen eigenen Workspace zu übertragen, kannst du dir natürlich den jeweiligen Flow anschauen und versuchen, ihn 1:1 bei dir abzubilden. Dann besteht aber immer noch das Problem, dass du bei sehr umfangreichen Flows vielleicht etwas falsch machst, und es ist auch nicht immer der Code ersichtlich, der sich hinter den Nodes verbirgt. Aus diesem Grund gibt es eine sehr einfache Möglichkeit, einen Flow in den Workspace zu importieren, natürlich nur, wenn auch die Daten dafür vorliegen. Wenn ein Flow exportiert wird, stehen die Informationen im sogenannten *JSON*-Format bereit. Es handelt sich dabei um eine ganz normale Textdatei, die zum Zweck des Datenaustauschs zwischen Anwendungen ein kompaktes Datenformat aufweist. JSON steht für *JavaScript Object Notation*, und falls es dich interessiert, findest du unter der folgenden Internetadresse sicherlich nützliche und hilfreiche Informationen:

https://de.wikipedia.org/wiki/JavaScript_Object_Notation

Wenn du also einen interessanten Flow im Internet gefunden hast und diesen auch als Text-information im JSON-Format in die Zwischenablage über *Strg-C* (Copy) kopieren konntest, öffne anschließend das Node-RED-Menü und wähle den Menüpunkt *Import* mit dem Unter-punkt *Clipboard* aus. Es besteht auch eine kürzere Alternative über *Strg-I*:

Abbildung 7: Importieren eines Flows

Jetzt öffnet sich ein Dialog-Fenster, in den du den Code über die Tastenkombination *Strg-V* einfügen kannst.

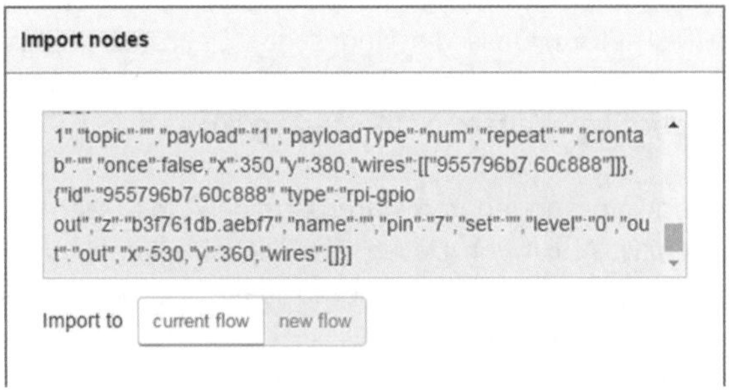

Abbildung 8: Importieren eines Flows über Strg-V

Wenn du diese Schritte durchgeführt hast, ist die rote *Import*-Schaltfläche aktiv geworden. Mit einem Klick darauf wird der Dialog geschlossen und der neue Flow hängt nun quasi an deinem Mauscursor, mit dem du ihn an passender Stelle mit einem Linksklick ablegen kannst.

> Den Import-Dialog kannst du mit der Tastenkombination *Strg-I* - für Import – auf sehr schnelle Weise aufrufen.

Nach diesen einführenden Worten geht es nun an die konkreten Projekten, den Hacks. Sie sind nach Komplexität geordnet; der Einstiegs-Hack zuerst.

Hack 1 • Hello World

Im ersten Hack wollen wir mit dem traditionellen Einstieg beginnen und einen *Hello-World*-Flows realisieren. Wir werden diesen dann Schritt für Schritt ein wenig ausbauen und verschiedene diesbezügliche Möglichkeiten kennenlernen. Die *inject*- bzw. *debug*-Node kennst du mittlerweile und wir beginnen auch einfach mit diesen beiden. Was soll unser erster Flow an Funktionalität bereitstellen? Nun, wenn du auf die *inject*-Node klickst, soll ein Text über die *debug*-Node im Debug-Fenster des Frontends erscheinen. Dieser Hack ist zunächst recht simpel, dient aber als Grundlage für weitere Hacks, wenn es z.B. darum geht, eine am Raspberry Pi angeschlossene LED blinken zu lassen. Die einzelnen Möglichkeiten der Konfiguration der *inject*-Node haben wir noch nicht besprochen. Ich denke, dass dies jetzt der richtige Zeitpunkt ist. Füge also einem leeren Workspace eine *inject*-Node aus der *Input*-Palette hinzu

und führe einen Doppelklick darauf aus, um sie zu editieren. Anschließend klickst du auf das kleine Dreieck in der Payload-Zeile, um dir darüber die verschiedenen Nachrichten-Varianten anzeigen zu lassen:

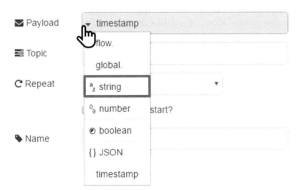

Abbildung 1: Die Eigenschaften der inject-Node

Da du die Zeichenkette *Hello World!* an das Debug-Fenster senden möchtest, wähle den Menüpunkt *String* aus und trage den gewünschten Text in die Zeile ein:

Da diese Nachricht einmalig an das Debug-Fenster versendet werden soll, belasse für die Repeat-Eigenschaft, die anzeigt, wie oft die Nachricht versendet werden soll, die Auswahl bei *None*:

Beende das Editieren der *inject*-Node mit einem Klick auf die rote *Done*-Schaltfläche. Der zu versendende Text wird jetzt - wenn er nicht zu lang ist - in der Node als Bezeichnung angezeigt. Das ist jedoch nur dann der Fall, wenn du keinen Namen in der entsprechenden Zeile vergeben hast. Falls doch, wird dieser unabhängig von dessen Zeichenlänge eingeblendet. Ich würde diesen aber - falls du ihn vergibst - so kurz wie möglich halten. Als nächstes ziehst du aus der *Output*-Palette die *debug*-Node auf den Workspace.

Wenn du die Node editierst, kannst du die gezeigten Werte einfach so belassen:

Abbildung 2: Die Eigenschaften der debug-Node

Der *Output*, also die Nachricht, die als Ausgangsnachricht versendet werden soll, ist ja die *payload*-Eigenschaft des *msg*-Objektes. Die Ausgabe soll im Debug-Fenster (Tab) erscheinen, und deswegen sind alle Einstellungen so, wie sie sind, in Ordnung. Stelle jetzt eine Verbindung zwischen beiden Nodes her und etabliere damit den Flow, der dann wie folgt aussieht:

Abbildung 3: Der Hello World Flow

Nun kannst du den Flow mit einem Klick auf die rote *Deploy*-Schaltfläche speichern, womit er dann sofort aktiv ist. Auf die Funktion bzw. die Bedeutung der kleinen blauen Kreise oberhalb der beiden Nodes werde ich später noch eingehen. Wirf nun einen Blick in das *Debug*-Fenster. Was siehst du dort? Nun, du solltest dort keine Nachrichten sehen, es sei denn, sie werden dort noch von anderen Flows angezeigt. Das *Debug*-Fenster kann sehr einfach über das Mülleimer-Symbol am oberen Rand geleert werden.

Abbildung 4: Das Leeren der Informationen im Debug-Fenster

Dort kannst du auch einen Filter einstellen, der darüber entscheidet, ob du Nachrichten von allen Flows oder nur vom gerade aktuellen erhältst. Warum siehst du dort die Zeichenkette *Hello World!* nicht? Ganz einfach: Die *inject*-Node, die ja als Einspeisepunkt in den Flow dient, arbeitet bei der momentanen Konfiguration nicht automatisch. Es ist also ein manuelles Eingreifen deinerseits erforderlich. Die Nachricht wird also erst in den Flow eingespeist, wenn du die Schaltfläche der *inject*-Node anklickst.

Nun erscheint die Nachricht im Debug-Fenster:

Zusätzlich wirst du mit einer Information am oberen Rand des Frontends erfreut, die dir mitteilt, dass eine Nachricht erfolgreich in den Flow eingespeist wurde:

> Successfully injected: Hello World!

Doch sehen wir uns die Nachricht im Debug-Fenster noch einmal genauer an. Dort siehst du den Zeitpunkt, wann die Nachricht aufgeschlagen ist, des Weiteren die Eigenschaft *msg. payload* mit der Zeichenlänge [12] und natürlich deren Inhalt, also die Nachricht selbst. Vielleicht erinnerst du dich noch daran, dass ich ich schon angemerkt hatte, dass das *msg*-Objekt von Hause aus über die folgenden Eigenschaften verfügt:

- *payload*
- *topic*
- *_msgid*

Warum werden dir diese hier nicht angezeigt? Die Lösung ist einfach: Du hast das so konfiguriert. Wirf doch noch mal einen Blick auf die Konfiguration der *debug*-Node und klicke auf das schwarze Dreieck in der Output-Zeile:

Abbildung 5: Die Eigenschaften der debug-Node

Du siehst, dass dort *msg.payload* ausgewählt ist, es aber noch eine weitere Möglichkeit gibt. Über den unteren Menüpunkt kannst du den Output so konfigurieren, dass das komplette *msg*-Objekt versendet wird. Wähle diesen aus und bestätige die Änderung mit einem Klick auf die rote *Done*-Schaltfläche. Anschließend führst du einen Deploy durch und klickst auf die Schaltfläche der *inject*-Node. Was ist im Debug-Fenster zu sehen?

1.5.2017, 14:28:51 debug

msg : Object

{ "_msgid": "5b154437.a4eabc", "topic": "",
"payload": "Hello World!" }

Das schaut schon etwas umfangreicher aus, nicht wahr?! Und es werden auch die eben genannten drei Eigenschaften angezeigt, womit bewiesen wäre, dass ich die Wahrheit gesagt
habe J.

An dieser Stelle ist es sicherlich sinnvoll, ein paar Worte über die Syntax eines Java-
Script-Objektes mit seinen Eigenschaften - auch *Properties* genannt - zu verlieren. Wir
sehen ein geschweiftes Klammerpaar und eine Auflistung von Wertepaaren, die durch einen
Doppelpunkt miteinander verbunden sind. Alle Wertepaare sind wiederum durch Kommata
voneinander getrennt. Am besten stelle ich diese Struktur ein wenig übersichtlicher dar,
denn dann leuchtet sie sofort ein:

```
{
    "_msgid"  : "5b154437.a4eabc",
    "topic"   : "",
    "payload" : "Hello World!"
}
```

Wundere dich nicht über die leere *topic*-Eigenschaft, denn sie wurde von dir noch nicht
vergeben. Ein Wertepaar, das den Eigenschaftsnamen und Inhalt besitzt, weist also die
folgende Struktur auf:

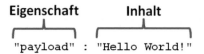

Ein Flow lässt sich natürlich auch aufspalten, so dass eine Node mit ihrem Ausgang mehrere
nachfolgende Nodes versorgen kann. Schauen wir uns den folgenden Flow an:

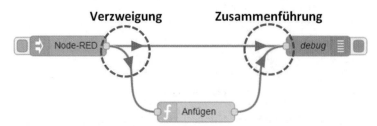

Abbildung 6: Die Verzweigung und Zusammenführung eines Flows

Die *inject*-Node versendet die gleiche Nachricht - hier *Node-RED* - zum einen direkt an die
debug-Node und zum anderen über eine Funktion und anschließend an dieselbe *debug*-No-
de. Die function-Node besitzt den folgenden Code:

```
msg.payload += " macht Spaß!";
return msg;
```

Die aufgeführte Zeichenkette wird also der *payload* angefügt und diese dann weitergeleitet. Mal sehen, welche Nachrichten das Debug-Fenster empfängt. Ist das eine oder sind es vielleicht zwei?

1.5.2017. 15:06:03   debug

msg.payload : string [8]

Node-RED

1.5.2017. 15:06:03   debug

msg.payload : string [20]

Node-RED macht Spaß!

Aha, es werden also zwei getrennte Nachrichten empfangen und angezeigt – zum einen die Originalnachricht und zum anderen die mit der angefügten Information. Im nachfolgenden Beispiel möchte ich dir eine sehr hilfreiche optische Rückmeldung im Frontend zeigen, wenn es darum geht, zu ermitteln, welcher Output von welcher *debug*-Node generiert wurde. Schau dir den folgenden Flow an, der sehr unspektakulär ist und lediglich der Veranschaulichung dieser Funktion dient.

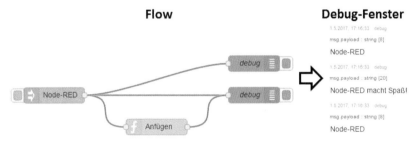

Abbildung 7: Mehrere debug-Nodes liefern einen Output.

Nun ist auf den ersten Blick nicht ersichtlich, welcher Output im Debug-Fenster von welcher *debug*-Node generiert wurde. Dies kann aber gerade bei der Fehlersuche sehr nützlich sein. Fahre doch einfach mal mit dem Mauszeiger über einen Output und schaue dir die *debug*-Nodes an. Ich bin mit meinem Mauszeiger über den unteren Output im Debug-Fenster gefahren. Die Rückmeldung der oberen *debug*-Node erfolgte dann in der Form, dass sie mit einer roten Strichlinie umrandet wurde:

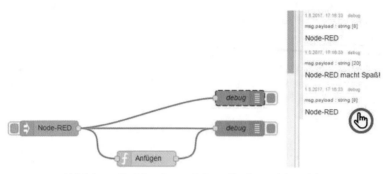

Abbildung 8: Die obere debug-Node meldet sich.

Führe dies mit mehreren Outputs durch und du wirst sehen, wie die einzelnen *debug*-Nodes sich melden. Bevor wir zum nächsten Hack kommen, bei dem es um die Ansteuerung einer LED am Raspberry Pi geht, hier eine kleine Vorbereitung: Der Raspberry Pi besitzt eine GPIO-Schnittstelle, die mit vielen Pins sehr viele Möglichkeiten der Steuerung vieler elektronischer Bausteine erlaubt. *GPIO* ist die Abkürzung für *General Purpose Input/Output* und bezeichnet die universelle Nutzung dieser Pins als Ein- oder Ausgabe-Schnittstelle. Mehr dazu im nächsten Hack. Kommen wir nun zum Versenden von verschiedenen Nachrichten, die später dazu genutzt werden, eine LED an- bzw. auszuschalten. Im Node-RED für den Raspberry Pi ist die folgende Palette schon vorhanden, die es uns ermöglicht, auf die GPIO-Schnittstelle zugreifen zu können:

Abbildung 9: Die Raspberry Pi Palette

Dort befindet sich eine Node, die wir zur Ansteuerung eines oder mehrerer GPIO-Pins nutzen können. Diese Node sieht wie folgt aus:

Abbildung 10: Die Raspberry Pi Output-Node

Um einen GPIO-Pin anzusteuern, wird entweder eine *0* oder eine *1* erwartet, was den jeweiligen logischen Pegeln entspricht. Eine *0* bedeutet einen LOW-Pegel und hat zur Folge, dass eine LED dunkel ist. Eine *1* bedeutet einen HIGH-Pegel. In diesem Fall wird die LED leuchten. Weitere Details sehen wir im nächsten Hack, wenn es darum geht, die LED konkret anzusteuern. Dennoch schauen wir uns schon jetzt ein paar einleitende Aspekte an. Über den folgenden Flow kannst du entweder eine *0* oder eine *1* an das Debug-Fenster senden:

Abbildung 11: Setzen eines Pegels

Die *inject*-Nodes konfiguriere ich dabei wie folgt:

Abbildung 12: Die Konfiguration der inject-Nodes

Die Payload setze ich in der oberen Node auf *0* und in der unteren auf *1*, wobei für den Datentyp *number* ausgewählt wird. Je nachdem, welche *inject*-Node nun angeklickt wird, erfolgt eine Versendung des Wertes 0 oder 1 an das *Debug*-Fenster. Wenn du auf die obere Node klickst, wird eine *0* versendet. Im Debug-Fenster wird ebenfalls der Datentyp der versendeten Nachricht angezeigt:

Abbildung 13: Eine 0 wird versendet.

Wenn du auf die untere Node klickst, wird eine *1* versendet:

Abbildung 14: Eine 1 wird versendet.

Das soll für diesen Hack reichen, und natürlich werden wir das Versenden der Pegel 0 und 1 automatisieren, denn die LED soll ja ganz von alleine blinken, ohne dass du immer die einzelnen Nodes anklicken musst.

Was hast du gelernt

In diesem ersten Hack hast du die *inject*-Node kennengelernt, die eine Nachricht durch das Anklicken der entsprechenden Schaltfläche in den Flow einspeist. Du hast gesehen, dass es unterschiedliche Datentypen, wie z.B. den *String* für eine Zeichenkette oder *Number* für einen Zahlenwert, gibt. Die Nachricht wird in Form einer *Payload* - einer Nutzinformation - in den Flow eingespeist und besitzt grundsätzlich die Eigenschaften *payload*, *topic* uns *_msgid*. Die Ausgabe kann z.B. über die *debug*-Node erfolgen, deren Inhalt im *Debug*-Fenster angezeigt wird. Du hast einen kleinen Ausblick auf die Raspberry Pi-Palette erhalten, mit der du z.B. auf die Hardware-Pins des Raspberry Pi zugreifen kannst.

Hack 2 • Das Blinken einer LED

Nun werden wir wirklich die Hardware ins Spiel bringen und eine am Raspberry Pi angeschlossene LED blinken lasen. Im vorangegangenen Hack haben wir schon etwas Vorarbeit geleistet und über zwei *inject*-Nodes die erforderlichen Pegel zur Ansteuerung der LED erst einmal an das Debug-Fenster gesendet. Nun nutzen wir die entsprechende GPIO-Node auf der Raspberry Pi-Palette. Schau dir den folgenden Flow an:

Abbildung 1: Die Ansteuerung des GPIO-Pins 7 des Raspberry Pi

Anstelle der *debug*-Node haben wir einfach die *rpi gpio out*-Node gesetzt. Ich habe den Pin 7 ausgewählt. Bevor wir fortfahren, solltest du einen Blick auf die Pinbelegung der GPIO-Schnittstelle werfen. Es kommt hier immer wieder zu Verwirrungen, denn es gibt einerseits die physikalische Pinbelegung, bei der es sich einfach um eine Durchnummerierung der einzelnen Pins handelt, und andererseits die GPIO-Pinbelegung, die eine abweichende Nummerierung aufweist. In der folgenden Abbildung siehst du den Raspberry Pi 3 mit seiner GPIO-Leiste am oberen linken Rand:

Abbildung 2: Der Raspberry Pi 3

Wenn du später eine Verkabelung an dieser Schnittstelle vornimmst, ist es außerordentlich wichtig, darauf zu achten, dass es zu keinen Kurzschlüssen kommt, die aufgrund der dicht beieinanderliegenden GPIO-Pins sehr leicht herbeigeführt werden können. Die Folgen wären unabsehbar, und da diese Anschlüsse direkt auf den Prozessor geleitet werden und keine Puffer zwischengeschaltet sind, besteht immer die Gefahr der Zerstörung des Boards. Doch wenn du ein wenig Sorgfalt walten lässt, dürfte nichts passieren. Mir ist dies in den Jahren, die ich hiermit arbeite, noch nie geschehen.

Welche Bauteile benötigst du?

Für diesen Hack benötigst du die folgenden Bauteile:

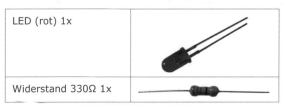

LED (rot) 1x	
Widerstand 330Ω 1x	

Tabelle 1: Bauteilliste

Die GPIO-Pins

Beginnen wir zunächst mit der physikalischen Nummerierung:

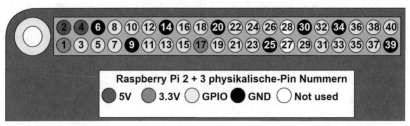

Abbildung 3: Die physikalische Pinbelegung des Raspberry Pi

Und nun zum Vergleich die GPIO-Pinbelegung:

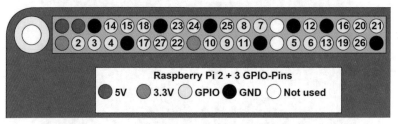

Abbildung 4: Die GPIO Pinbelegung des Raspberry Pi

Die GPIO-Pins können u.a. als digitale Ein- bzw. Ausgänge konfiguriert werden, und zur Ansteuerung einer Leuchtdiode - auch *LED* genannt - ist lediglich noch ein Vorwiderstand erforderlich, der den Strom begrenzt, so dass die LED nicht zu hell leuchtet und zerstört wird. Zudem schützt der Vorwiderstand den maximal zulässigen Strom, den ein Pin der GPIO-Schnittstelle liefern darf. Er darf nicht zu hoch sein. Die Dimensionierung des Vorwiderstandes kann zwischen 330Ω und 470Ω liegen.

Der Schaltplan zur Ansteuerung einer LED

Der folgende Schaltplan verdeutlicht die grundlegende Ansteuerung einer LED:

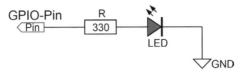

Abbildung 5: Die grundlegende Ansteuerung einer LED

Sehen wir uns doch die Verdrahtung aller Komponenten an, die ich mit *Fritzing* erstellt habe:

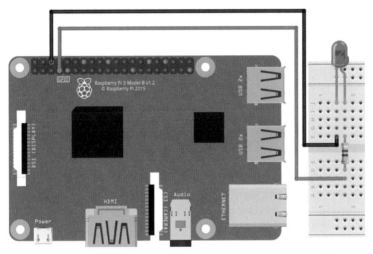

Abbildung 6: Der Schaltplan zur Ansteuerung der LED

Zur Ansteuerung habe ich den Hardware-Pin 7 gewählt, hinter dem sich der GPIO-Pin 4 verbirgt.

Der reale Schaltungsaufbau

Du kannst den Aufbau der Schaltung sehr gut auf einem Breadboard umsetzen, wie das in der folgenden Abbildung zu sehen ist:

Abbildung 7: Der Schaltungsaufbau auf einem Breadboard

Das manuelle Steuern der LED

Die Konfiguration der *rpi gpio*-Node sieht dann wie folgt aus:

Abbildung 8: Die Konfiguration der rpi gpio-Node

Wähle aus der Liste der zur Verfügung stehenden GPIO-Pins den richtigen Pin aus. Es werden sowohl die Hardware- als auch die GPIO-Pinbezeichnung angezeigt. Hier dürfte also nichts schiefgehen. Der *Type* ist ebenfalls wichtig, denn wenn die LED an- bzw. ausgeschaltet werden soll, ist die Option *Digital Output* korrekt. Schauen wir uns nun noch einmal den Flow zur manuellen Steuerung der LED mit den unterschiedlichen Pegeln an, damit das Ganze anschaulicher wird:

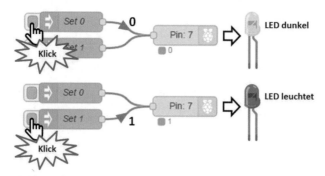

Abbildung 9: Die Ansteuerung der LED über die inject-Node

Im oberen Szenario wird beim Anklicken der *inject*-Node eine 0 an die GPIO-Node gesendet und die LED mit einem LOW-Pegel (0V) angesteuert. Diese geht aus bzw. bleibt dunkel. Im unteren Szenario wird im Gegensatz dazu über die *inject*-Node eine 1 an die LED gesendet, was einem HIGH-Pegel mit 3,3V entspricht. Diese 3,3V entsprechen der Betriebsspannung des Raspberry Pi. Es ist eine feine Sache, dass zudem der anliegende Pegel unterhalb der GPIO-Node angezeigt wird und so Aufschluss über den Zustand gibt. Achte bei der Node-Bezeichnung des Pins jedoch darauf, dass dort - falls du keinen eigenen Namen vergeben hast - immer die Hardware-Pinbezeichnung angezeigt wird und *nicht* der GPIO-Pin!

Der Blink-Flow

Um hiermit eine Blinksteuerung zu realisieren, musst du jemanden abstellen, der im Wechsel die beiden *inject*-Nodes anklickt, was auf Dauer schon sehr ermüdend sein kann. Aus diesem Grund wollen wir die Ansteuerung mittels eines entsprechenden JavaScript-Codes automatisieren. Dazu nutzen wir die schon erwähnte *function*-Node aus der gleichnamigen Palette. Unsere LED soll nun im Sekundenrhythmus blinken. Hierzu wird der folgende Flow verwendet:

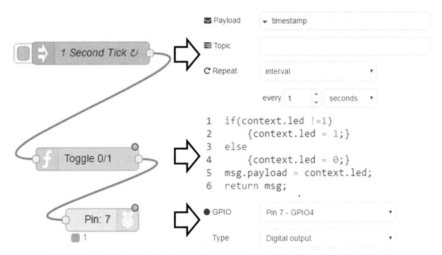

Abbildung 10: Die Ansteuerung der LED über die function-Node

Der Flow wird über die *inject*-Node gestartet, die jede Sekunde einen Timestamp als Nachricht an die *function*-Node versendet. Dieser Timestamp wird jedoch nicht genutzt und die *inject*-Node stattdessen dazu verwendet, einfach im vorgegebenen Intervall quasi eine Triggerung vorzunehmen. Ein manuelles Eingreifen über das Anklicken einer Schaltfläche ist daher nicht erforderlich. Die ganze Logik zur automatisierten Ansteuerung der LED befindet sich innerhalb der *function*-Node, die wir uns nun genauer ansehen. Wir nutzten zur Ansteuerung der LED bzw. zum Versenden einer entsprechenden Nachricht eine sogenannte *Context-Variable*, die Daten innerhalb einer Node speichern bzw. verwalten kann. Sie wird immer zurückgesetzt, wenn die Node einem Deploy unterzogen oder Node-RED neu gestartet wird. Eine Context-Variable fällt in die Kategorie *statische Variable*, was bedeutet, dass sie nach der Beendigung ihres Bezugsrahmens, also nach Beendigung des Aufrufs in der entsprechenden Node, ihren Wert nicht verliert. Statische Variablen können u.a. dazu genutzt werden, die Anzahl der Aufrufe einer Node in einer Context-Variablen zu speichern. Nähere Informationen sind unter der folgenden Internetadresse zu finden:

https://nodered.org/docs/creating-nodes/context

Wenn ich den Inhalt dieser Variablen kontinuierlich überprüfe und entsprechend des Ergebnisses verfahre, kann ich erreichen, dass ihr Inhalt zwischen den Werten 0 und 1 wechselt. Dazu benötige ich eine Kontrollstruktur, die eine Verzweigung meines Programmflusses bewirkt. Dieses Konstrukt wird *if-then-else* genannt, was übersetzt so viel wie *Wenn-Dann-Sonst* bedeutet. Das folgende Flussdiagramm veranschaulicht diese Kontrollstruktur:

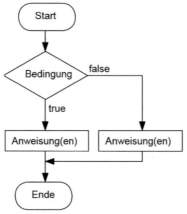

Abbildung 11: Das Flussdiagramm zur Kontrollstruktur if-then-else

In JavaScript wird das wie folgt umgesetzt:

```
if (Bedingung) {
  Anweisung;
} else {
  Anweisung;
}
```

Kommen wir zurück zur Context-Variablen. Für diese verwende ich in unserem Fall den sprechenden Namen *led*. In Zeile 1 überprüfe ich, ob ihr Wert ungleich 1 ist, wozu der Vergleichsoperator *!=* (für *ungleich*) herangezogen wird. Ist das der Fall, so wird die Variable in Zeile 2 auf 1 gesetzt. Falls dem nicht so ist, wird sie in Zeile 4 auf 0 gesetzt. Auf diese Weise wechselt der Inhalt immer zwischen 0 und 1, was auf digitaler Ebene als *Toggeln* (umschalten) bezeichnet wird. In Zeile 5 weise ich dem *payload* den Inhalt der Context-Variablen *led* zu und in Zeile 6 verlasse ich über die *return*-Anweisung mit der Rückgabe des *msg*-Objektes die Funktion. Diese Nachricht wird dann an die GPIO-Node zur Ansteuerung der LED gesendet. Die LED blinkt nach dem Deploy des Flows.

Ist dir an den Nodes hinsichtlich des Aussehens eigentlich etwas aufgefallen? Ich hatte es ja schon kurz erwähnt. Einige Nodes verfügen möglicherweise über einen kleinen blauen Punkt, andere wiederum nicht. Im letzten Flow weisen die *function*-Node und die *rpi gpio*-Node einen solchen Punkt auf. Dies ist ein optisches Signal dafür, dass eine Node noch nicht über einen Deploy gespeichert wurde. Wenn du also eine neue Node aus einer Palette auf den Workspace ziehst, wird sie sofort mit einem blauen Punkt versehen. Nach einem Deploy verschwindet dieses Merkmal und erscheint erst wieder, wenn du eine Veränderung an der Node vorgenommen hast.

Das Raspberry Pi Simple-Board

Als Abschluss zu diesem Hack möchte ich die eine Variante des Schaltungsaufbaus zeigen, die für zukünftige Hacks sicherlich eine Bereicherung und Erleichterung darstellt. Ich kenne das Problem, das auftritt, wenn mal eben eine Testschaltung aufgebaut werden soll, die z.B. eine LED oder einen Taster bzw. Schalter erfordert. In diesem Fall geht nämlich die Sucherei los. Wo liegt das Breadboard und wo sind die einzelnen Bauteile, die ich jetzt benötige? Aus diesem Grund habe ich mir das Raspberry Pi Simple-Board ausgedacht, das auf einer Platine im Eurokartenformat (160mm x 100mm) ein paar grundlegende Komponenten bereitstellt, die immer wieder beim *Prototyping* - also beim schnellen Aufbau von Testschaltungen - benötigt werden. Das Simple-Board siehst du in der folgenden Abbildung:

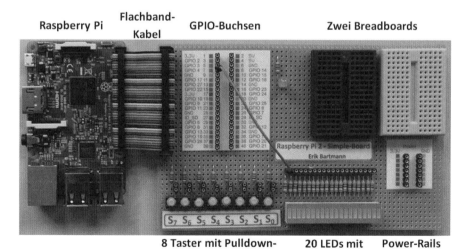

Abbildung 12: Das Raspberry Pi Simple-Board

Ich habe hier schon einmal den GPIO 4 Pin mit einer LED verbunden. Wie du erkennst, wurden die Anschlüsse der GPIO-Schnittstelle über ein 40-poliges Flachbandkabel auf das *Simple-Board* geleitet und stehen dort auf kleinen Buchsen zur Verfügung, die du mit den kleinen flexiblen Steckbrücken - auch Patchkabel genannt - abgreifen kannst. Das lange Suchen, welcher Pin auf dem Raspberry Pi denn der richtige ist, gehört der Vergangenheit an, denn jeder Anschluss ist mit einer Beschriftung versehen. Da dürfte eigentlich nichts mehr schiefgehen. Falls du andere Bauteile wie LEDs oder Taster für deine Schaltung benötigst, kannst du die beiden kleinen Breadboards dafür nutzen. Weitere Pins für die Spannungsversorgung stehen bei den sogenannten Power-Rails zur Verfügung, die 3,3V und GND (Masse) liefern. Das Board wird auch in weiteren Hacks zum Einsatz kommen, wenn es z.B. darum geht, einen Taster abzufragen. Es macht also sicherlich Sinn, dass du das Board herstellst. Es ist wirklich nicht schwer!

Was hast du gelernt

In diesem Hack hast du gesehen, wie ein GPIO-Pin des Raspberry Pi dazu genutzt werden kann, eine LED anzusteuern. Dazu wurde entweder ein LOW-Pegel (0 V) oder ein HIGH-Pegel (3,3 V) an die LED mit ihrem Vorwiderstand geschickt. Dies hast du zu Beginn manuell, später automatisiert realisiert. Des Weiteren hast du eine *Context-Variable* kennengelernt, die Daten in einer Node speichern kann. Um den Programmfluss zu kontrollieren, haben wir die Kontrollstruktur *if-then-else* verwendet, die eine Verzweigung der Ausführung bewirkt. Du hast außerdem das Raspberry Pi Simple-Board für die Vereinfachung grundlegender Schaltungen kennengelernt.

Hack 3 • Die PWM-Ansteuerung

Im vorangegangenen Hack hast du die Ansteuerung einer LED am Raspberry Pi über die GPIO-Schnittstelle kennengelernt. Bei der Konfiguration der GPIO-Node hast du als Type *Digital Output* gewählt. Das bedeutet, dass der betreffende GPIO-Pin mit einem HIGH- bzw. LOW-Pegel anzusteuern ist. Es gibt also nur An oder Aus und nichts dazwischen. Wenn du jedoch eine Helligkeitssteuerung realisieren möchtest, funktioniert das mit diesem Verfahren nicht. Der zweite angebotene Type bietet jedoch eine Ansteuerung der LED über die sogenannte *PWM*, was *Pulse-Weiten-Modulation* bedeutet:

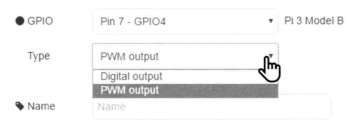

Abbildung 1: Die Konfiguration des GPIO-Pin als PWM

Was aber genau bedeutet PWM? Sehen wir uns das genauer an. Wenn in der Welt der Digitaltechnik z. B. eine LED mit unterschiedlicher Helligkeit angesteuert werden soll, ist das nicht so ohne Weiteres möglich. Entweder liegt an einer LED oder einem anderen Verbraucher, wie ein Motor oder Ähnliches, ein HIGH-Pegel an, dann ist das Bauteil aktiv. Oder es ist bei einem LOW-Pegel inaktiv. Dazwischen gibt es nichts. In der Elektronik werden sogenannte *Digital/Analog*-Wandler verwendet, die anhand einer Binärkombination ein analoges Signal generieren, doch eine derartige Schaltung ist bei Mikrocontrollern eher selten anzutreffen. Es gibt jedoch noch eine andere Variante, um z. B. besagte LED in unterschiedlicher Helligkeit leuchten zu lassen. Dazu steuern wir eine LED über ein Rechtecksignal an, und zwar in einer bestimmten Frequenz, wobei diese Frequenz so hoch ist, dass wir aufgrund der Trägheit unseres Auges diesen stetigen *An-Aus*-Phasen nicht folgen können und ein durchgehendes Leuchten wahrgenommen wird.

Der Verlauf eines PWM-Signals
Sehen wir uns dazu die folgende Abbildung an, in der ein Rechtecksignal zu sehen ist, das eine gewisse Impulsdauer *t1* und eine Periodendauer *T* aufweist:

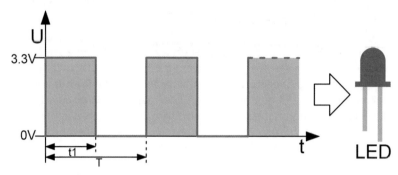

Abbildung 2: Eine Puls-Weiten-Modulation mit 50%

Das Verhältnis von *t1* und *T* wird auch *Tastgrad* genannt, der sich wie folgt berechnet:

$$Tastgrad = \frac{t}{T}$$

Damit die LED nun etwas dunkler leuchtet, reicht es nicht aus, die An- bzw. Aus-Phase zu reduzieren. Bei einer *Puls-Weiten-Modulation* bleibt die Periodendauer *T* gleich und nur die Impulsdauer *t1* unterliegt einer Änderung. Sehen wir uns das folgende Impulsdiagramm an:

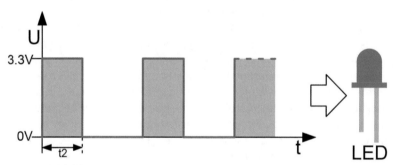

Abbildung 3: Eine Puls-Weiten-Modulation mit ca. 35%

Du siehst, dass die Impulsdauer *t2* im Verhältnis zu *t1* des vorherigen Diagramms kleiner ist und die LED weniger hell leuchtet. Die An-Phase ist also im Vergleich zur Aus-Phase kürzer, und das Auge realisiert dies aufgrund der erwähnten Trägheit mit der Wahrnehmung einer geringeren Helligkeit. Der LED wird aufgrund der kleineren Fläche des Impulses auch weniger Energie zugeführt. Verringerst du die Impulsdauer immer weiter, nimmt die Helligkeit im gleichen Maße ab, wie das im folgenden Impulsdiagramm zu sehen ist:

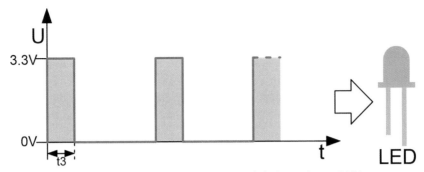

Abbildung 4: Eine Puls-Weiten-Modulation mit ca. 25%

Mithilfe dieser Technik über PWM lässt sich nicht nur die Helligkeit von LEDs steuern, sondern z.B. auch der Winkel eines Servomotors regulieren. Wie die PWM-Funktionalität mit Node-RED zu realisieren ist, wirst du jetzt sehen. Du kannst den gleichen GPIO-Pin deines Raspberry Pi verwenden und musst die Schaltung nicht verändern.

Welche Bauteile benötigst du?
Für diesen Hack benötigst du die folgenden Bauteile:

Tabelle 1: Bauteilliste

Der PWM-Flow
Der folgende Flow schickt ein PWM-Signal mit dem angegebenen Wert *der inject*-Node über die *GPIO*-Node an den GPIO-Pin:

Abbildung 5: Ein PWM-Signal wird an den GPIO-Pin gesendet.

Stelle sicher, dass du den Type des GPIO-Pins angepasst hast. Kicke nach dem Deploy-Vorgang klicke auf die Schaltfläche der *inject*-Node und beobachte die Helligkeit der LED.

Passe den Payload-Wert an und wiederhole den beschriebenen Vorgang. Achte darauf, dass der PWM-Wert zwischen 0 und 100 liegt, wodurch die Helligkeit von dunkel bis ganz hell gesteuert wird. Diese Art der Helligkeitsregulierung ist recht mühsam und soll eigentlich als Einleitung in einen neuen Themenbereich dienen. Es gibt für Node-RED eine überaus geniale Erweiterung, die sich *Dashboard* nennt. Sie stellt ein grafisches Frontend mit den unterschiedlichsten Bedienelementen zur Verfügung. Dazu gehören z.B. die folgenden Elemente:

- Button (Schaltfläche)
- Dropdown (Auswahlliste)
- Switch (Schalter)
- Slider (Schieberegler)
- Text input (Text-Eingabe)
- Gauge (Zeigeranzeigeinstrument)
- Chart (Diagramm)
- etc.

Die Installation der Dashboard-Palette

Ich habe hier nur die wichtigsten Elemente genannt - es befinden sich noch andere in dieser Erweiterung. Die Installation erfolgt recht einfach über das Node-RED-Menü. Klicke auf das Menü-Symbol und wähle den Punkt *Manage Palette* aus. Voraussetzung ist jedoch, dass du den *Node Package Manager* installiert hast. Wie das funktioniert, habe ich im *Installations*-Kapitel beschrieben:

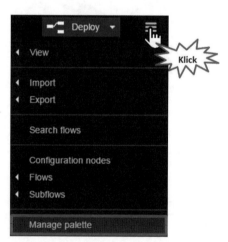

Abbildung 6: Öffnen des Node-RED-Menüs für den Punkt "Manage Palette"

Im Anschluss wird auf der rechten Seite ein Bereich sichtbar, in dem sich zwei Reiter befinden.

Abbildung 7: Die Installation des Dashboards

Gehe wie folgt vor:

- Wechsele zum Install-Reiter.
- Gib den Suchbegriff *Dashboard* in das Textfeld ein.
- Klicke auf die *Install*-Schaltfläche.

Nach der Installation startest du am besten den Node-RED-Server neu. Nach dem Start des Frontend sollte sich dort eine neue Palette mit dem Namen *Dashboard* befinden:

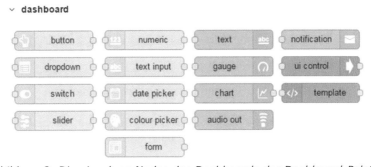

Abbildung 8: Die einzelnen Nodes des Dashboards der Dashboard-Palette

Wenn du mit dem Mauszeiger über den Nodes verweilst, erhältst du eine kurze Beschreibung der entsprechenden Funktionen. Nach der erfolgreichen Installation bzw. einem Neustart des Node-RED-Servers ist das Dashboard-Frontend über die folgende URL zu erreichen:

http://192.168.178.27:1880/ui/

Ersetze hier natürlich meine IP-Adresse durch deine eigene!

Der Dashboard-Slider

Dann wollen wir mal sehen, wie du die LED über ein geeignetes Bedienelement in der Helligkeit steuern kannst. Dazu eignet sich ganz hervorragend der sogenannte *Slider*.

Über einen Doppelklick muss du ihn natürlich wieder konfigurieren und einige Anpassungen vornehmen. Zuerst musst du eine neue Gruppe definieren. Klicke auf das *Stift*-Symbol:

Abbildung 9: Eine neue Gruppe definieren

Nun öffnet sich ein weiteres Dialog-Fenster, in dem du einen sprechenden Namen deiner Wahl in die Zeile *Name* einträgst:

Abbildung 10: Einen Gruppennamen definieren

Im Anschluss daran klickst du auf die rote *Add*-Schaltfläche. Diese neue Gruppe wird jetzt vom vorherigen Dialog übernommen und du kannst dort die restlichen Daten eintragen.

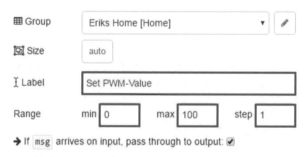

Abbildung 11: Label und Slider-Werte festlegen

In den rot markierten Bereichen habe ich eine Bezeichnung für den Slider angegeben, die später auf der Benutzeroberfläche sichtbar ist und über dessen Funktion Aufschluss gibt. Da der GPIO-Pin bei der PWM-Ansteuerung Werte zwischen 0 und 100 erwartet, habe ich diese dort übernommen und als Schrittweite den Wert 1 genommen. Der Flow schaut im Endeffekt wie folgt aus:

Nach einem Deploy kannst du die eben genannte URL für die Dashboard-Oberfläche - auch *UI* für *User Interface* genannt - in den Browser eintragen. Bei mir sieht das Ergebnis folgendermaßen aus:

Nun kannst du den Slider über den blauen Punkt in der Horizontalen verschieben, und die LED wird sich dem Wert anpassen.

Die Dashboard-Gauge

Doch welcher Wert gerade an die LED übermittelt wird, ist nicht ersichtlich. Das können wir ändern und der UI ein weiteres Bedienelement hinzufügen. Es bietet sich hier die *Gauge* an:

Erweitere doch den Flow wie folgt:

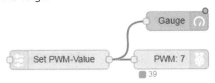

Jetzt wird das Slider-Signal bzw. die Nachricht ebenfalls noch an die *Gauge*-Node versendet. Doch bevor die Anzeige funktioniert, musst du die Node konfigurieren, was aber schnell erledigt ist, denn du musst lediglich die vorher erstellte *Group* auswählen und die *Range* - den Bereich der Anzeige - definieren, die allerdings mit dem PWM-Bereich (0 bis 100) korrespondieren sollte:

Abbildung 12: Die Konfiguration der Gauge-Node

Nach dem Deploy präsentiert sich das UI wie folgt:

Abbildung 13: Die UI mit dem Slider und der Gauge

Wenn du den Schieberegler von links nach rechts bewegst, wird sich der Zeiger entsprechend mitbewegen und den jeweiligen Wert anzeigen. Ich habe der Gauge noch keinen Namen gegeben, weshalb hier nur die Bezeichnung der Node zu erkennen ist. Ändere diesen doch einmal ab und wähle eine passende Bezeichnung. Du solltest mittlerweile wissen, wie das geht. Du kannst weitere Einstellungen wie z.B. die Anzeige der Farbe wählen, die je nach PWM-Wert zu sehen ist. Dies ist über den *Color gradient* möglich. Spiele auch hier ein wenig mit verschiedenen Werten. Natürlich kannst du die Seite auch über dein Smartphone aufrufen:

Abbildung 14: Die UI im Smartphone

Was hast du gelernt

In diesem Hack haben wir die Puls-Weiten-Modulation kennengelernt und darüber die Helligkeit eines angeschlossenen Verbrauchers in Form einer LED reguliert. Zuerst hast du dies recht umständlich über die *inject*-Node realisiert, indem du dort jedes Mal einen neuen Payload-Wert eingetragen und den Flow über Deploy gespeichert hast. Über die Installation der Dashboard-Erweiterung hast du das ganze benutzerfreundlich gestaltet, denn diese Erweiterung bietet eine Vielzahl von Benutzerelementen wie Schaltflächen, Schieberegler etc. Über den Slider konntest du einen variablen Wert in den Flow einspeisen und darüber die Helligkeit der LED unmittelbar verändern. Zur besseren Ansicht des gesendeten PWM-Wertes hast du noch das Anzeigeinstrument *Gauge* hinzugefügt, so dass der Wert in einem Zeigerinstrument direkt sichtbar wurde.

Hack 4 • Einen Taster abfragen

Bisher hast du einen GPIO-Pin dazu verwendet, quasi ein Signal nach Draußen zu senden, um darüber eine LED anzusteuern. Nun wollen wir den umgekehrten Weg gehen und einen Sensor abfragen, der ein Signal nach Drinnen schickt. Der Sensor ist im einfachsten Fall ein Kontakt, der geschlossen oder offen sein kann. Wir nutzen dazu einen Taster. Ein Taster, wie er in der folgenden Abbildung als Schaltsymbol zu sehen ist, schließt bei einem Druck darauf einen Stromkreis und unterbricht ihn beim Loslassen wieder:

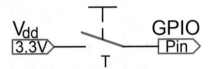

Abbildung 1: Ein Kontakt schließt den Stromkreis

Wenn der Taster gedrückt und der Stromkreis somit geschlossen ist, gelangt die Versorgungsspannung V_{dd} von 3,3V an den gewünschten GPIO-Pin und kann dort abgefragt werden. Es liegt ein HIGH-Pegel an. Wenn der Taster nicht gedrückt ist, ist der Stromkreis unterbrochen und man sollte glauben, dass der Pegel auf 0V also einem LOW-Pegel zurückgeht. Dem ist aber nicht immer so. In der Digitaltechnik gibt es nichts Schlimmeres, als einen Eingang, der unbeschaltet, also offen ist. Er ist empfänglich für jegliche negativen Einflüsse wie z.B. statische Aufladungen. Der Draht kann dann wie eine Antenne wirken und bei Berührung eine Pegeländerung bewirken. So etwas sollte auf jeden Fall vermieden werden. Ein Bauteil, das zur Lösung dieses Problems eingesetzt wird, ist der Widerstand. Er kann in unterschiedlichen Anordnungen mit dem Eingang verbunden werden und somit einen definierten Pegel herbeiführen.

Welche Bauteile benötigst du?
Für diesen Hack benötigst du die folgenden Bauteile:

Mikrotaster 1x	
Widerstand 10KΩ 1x	

Tabelle 1: Bauteilliste

Hinsichtlich des erforderlichen Tasters sollte ich dir noch ein paar nützliche Informationen geben. In der folgenden Abbildung sehen wir einen solchen Mikrotaster, der über vier Anschlüsse verfügt. Für das Schließen eines einzelnen Kontaktes werden zwei Anschlüsse benötigt, doch wenn wir es hier mit vier Anschlüssen zu tun haben, bedeutet das nicht, dass sich in dem Gehäuse zwei unabhängige Taster befinden.

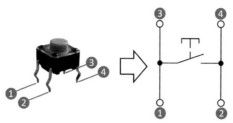

Abbildung 2: Der Mikrotaster

Das Schaltbild rechts vom Taster zeigt dir die interne Verdrahtung und du erkennst, dass immer zwei Beinchen zusammengehören. Du kannst also den Taster über die Beinchen 1 und 2 oder über 3 und 4 ansprechen. Wenn du den Taster um 90 Grad drehst und das gleiche Anschlussschema verwendest, hast du einen ewig geschlossenen Taster. Deshalb achte auf die Beinchenpaare, die zu einer Seite aus dem Gehäuse kommen. Sie werden kurzgeschlossen, wenn du den Taster betätigst. Notfalls nimmst du dir ein Multimeter zur Hand und verwendest den Durchgangstester, um die Tasterkontakte eindeutig zu identifizieren.

Der Schaltplan zur sicheren Abfrage eines Tasters
Die beiden folgenden Schaltungen zeigen sowohl einen *Pulldown-* als auch einen *Pullup*-Widerstand:

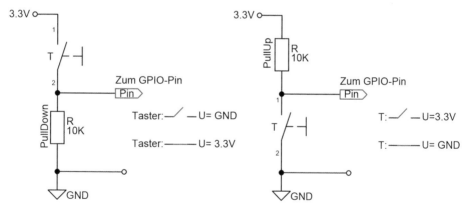

Abbildung 3: Ein Pulldown- und ein Pullup-Widerstand

Bei der linken Schaltung mit einem Pulldown-Widerstand wird ein definierter LOW-Pegel über den Widerstand, der sich mit dem unteren Anschluss an Masse befindet, an den GPIO-Pin geliefert. Wenn du den Taster *T* drückst, werden die 3,3V an den oberen Anschluss des Widerstandes gelegt, und diese 3,3V liegen am GPIO-Pin in Form eines HIGH-Pegels an.
Bei der rechten Schaltung verhält es sich genau umgekehrt, denn bei einem offenen Taster *T* werden über den Pullup-Widerstand die 3,3V an den GPIO-Pin geleitet, der als HIGH-Pegel identifiziert wird. Wenn du den Taster drückst, gelangt die Masse an den unteren Anschluss des Widerstandes, an dem sich auch der GPIO-Pin befindet. Dort wird jetzt Masse angelegt und ein LOW-Pegel zum besagten Pin geleitet.

In beiden Fällen haben wir unabhängig von der Taster-Position einen definierten Pegel am GPIO-Pin anliegen. Das sollte als Grundlage reichen und wir widmen uns nach folgendem Schaltplan der Umsetzung in Node-RED.

Der Schaltplan für den Raspberry Pi

Der konkrete Aufbau der Schaltung am Raspberry Pi für die Abfrage eines Tasters sieht dann wie folgt aus, wobei ich diesmal den GPIO-Pin 17 gewählt habe.

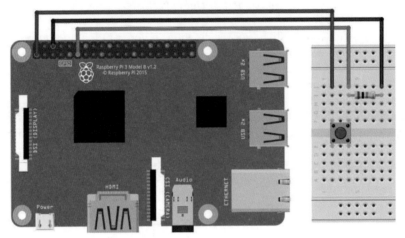

Abbildung 4: Der Schaltplan für die Abfrage des Tasters

Kommen wir zur praktischen Realisierung der Schaltung.

Der reale Schaltungsaufbau

Der Einfachheit halber habe ich wieder mein Simple-Board genutzt, aber du kannst die Schaltung - wie übrigens bei allen weiteren in diesem Buch vorgestellten Hacks – natürlich auch ganz konventionell auf einem separaten Breadboard aufbauen.

Abbildung 5: Der Schaltungsaufbau auf dem Simple-Board

Der Taster S0 steuert also den Eingang GPIO 17, der sich am Hardware-Pin 11 befindet. Das sollte als Aufbau für den folgenden Node-RED-Flow erst einmal genügen.

Der Taster-Flow
Damit ein digitaler Pin am Raspberry Pi (die Version wird automatisch erkannt und hier mit Pi 3 Model B angegeben) abgefragt werden kann, nutzt du die *rpi gpio in*-Node aus der Raspberry Pi-Palette, die ich wie folgt konfiguriert habe:

Abbildung 6: Die Konfiguration der rpi gpio-Node

Sie speist immer dann eine Nachricht in den nachfolgenden Flow ein, wenn sich der Zustand des Tasters ändert. Lassen wir uns zunächst wieder den Zustand des Tasters bei einer Statusänderung im Debug-Fenster anzeigen, so dass der Flow wie folgt aussieht:

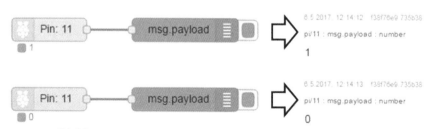

Abbildung 7: Die Anzeige des Tasterstatus im Debug-Fenster

Das Prellen eines Tasters

Der Wert für *Debounce* bei der Node-Konfiguration bestimmt die sogenannte *Entprellzeit*. Der Hintergrund dabei ist folgender: Bei einem Taster handelt es sich um ein mechanisches Bauteil, das, wenn es gedrückt wird, über einen kleines leitendes Blech einen Kontakt schließt. Dieser Vorgang zur Herstellung eines definierten Endzustandes – eines geschlossenen Schaltkreises - wird jedoch nicht sofort erreicht, denn aufgrund der mechanischen Eigenschaften des Materials kommt es zu einem mehrfachen Schließen und Öffnen des Kontaktes. Dieses Verhalten wird *Prellen* genannt und wirkt sich in der Digitaltechnik außerordentlich störend aus. Gerade, wenn es darum geht, Impulse zu erfassen, kommt es hierbei zu Fehlinformationen. Aus diesem Grund wurde eine softwaretechnische Lösung zur Behebung dieses Problems eingefügt. In einem definierten Zeitraum wird nach einem Tastendruck kein weiterer zugelassen und die angegebene Zeit abgewartet, bevor eine erneute Abfrage gestartet wird. Bei unterschiedlichen Tastern muss ggf. mit jeweils anderen Debounce-Werten gearbeitet werden. Da ist einfaches Ausprobieren der beste Weg, das beschriebene Problem in den Griff zu bekommen.

Interne Pullup-/Pulldown-Widerstände aktivieren

Vielleicht ist dir bei der Konfiguration der *rpi gpio*-Node ein Menüpunkt aufgefallen, der sich vor dem Debounce-Wert befindet:

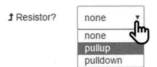

Abbildung 8: Die Aktivierung bzw. Deaktivierung von Pullup-/Pulldown-Widerständen

Über den Menüpunkt kannst du interne Pullup-/Pulldown-Widerstände im Raspberry Pi aktivieren bzw. deaktivieren. Somit entfällt eine externe Beschaltung mit speziellen Widerständen. Wie du dich entscheidest, hängt ganz von dir ab, und es gibt hier kein Richtig oder Falsch. Der Vorteil bei der Aktivierung besteht natürlich in der Einsparung der entsprechenden Bauteile.

Der Dashboard-Schalter

Du kennst ja bereits einige Dashboard-Elemente. Auch bei diesem Hack ist es sicherlich sinnvoll, ein entsprechendes Anzeigeinstrument zu verwenden. Hier bietet sich z.B. die *switch*-Node an. Sie kann sowohl als Eingabe-Element zur aktiven Steuerung des Flows als auch als Ausgabe-Element zur Anzeige eines Status verwendet werden. Für uns ist in diesem Fall die zweite Variante sinnvoll, denn der Taster-Status soll ja angezeigt werden.

Wie zu erkennen ist, besitzt diese Node sowohl einen Ein- als auch einen Ausgang. Über eine entsprechende Konfiguration müssen wir der Node mitteilen, dass sie den Status an ihrem Eingang anzeigen soll. Das funktioniert folgendermaßen:

Abbildung 9: Die switch-Node Konfiguration

Die hier markierte Zeile konfiguriert den Schalter-Indikator auf dem Dashboard-Frontend so, dass der Eingangsstatus angezeigt wird, der ja über den Taster gesteuert wird. Es gibt aber ein kleines Problem, dem wir uns im Moment gegenübersehen. Die *rpi gpio in*-Node speist in Abhängigkeit vom Taster-Status die Werte *0* und *1* in den Flow ein. Die *switch*-Node erwartet jedoch zur Anzeige des Taster-Status die Wahrheitswerte *true* - für wahr - bzw. *false* - für falsch. Mit einer *0* und einer *1* kann diese Node nichts anfangen und ignoriert sie einfach. Dies kannst du mit dem folgenden Flow testen:

Die *inject*-Nodes sind dabei wie folgt konfiguriert:

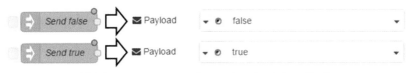

Abbildung 10: Die Konfiguration der inject-Nodes

Nach dem Deploy kannst du jetzt den Schalter auf dem Dashboard hin- und herschalten, indem du die beiden *inject*-Nodes abwechselnd anklickst.

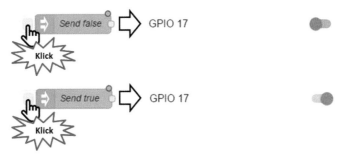

Abbildung 11: Die Statusänderung am switch-Node

Aber natürlich soll die Statusänderung durch den Taster angezeigt werden, und deswegen schauen wir uns den folgenden Flow an:

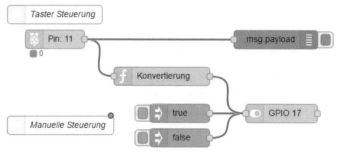

Abbildung 12: Ein komplexer Flow

Dieser Flow sieht schon ein wenig komplexer aus und beinhaltet auch eine bisher nicht verwendete Node.

Die Kommentar-Node

Es gehört zum guten Ton, dass man als Programmierer seinen Code an strategisch wichtigen Stellen kommentiert, um für sich selbst eine Gedankenstütze zu haben und anderen zu veranschaulichen, was gerade an der betreffenden Stelle so geschieht. Das muss natürlich nicht überall im Projekt bzw. hier im Flow erfolgen, doch wenn z.B. ein kniffliger Aspekt auftaucht, der einer Erläuterung bedarf, solltest du ein paar stichhaltige Worte über Sinn und Funktion anführen. In Node-RED wird hierzu die *comment*-Node genutzt:

Du siehst, dass sie keinerlei Einfluss auf irgendeinen Nachrichtenfluss besitzt, da sie weder über einen Ein- noch einen Ausgang verfügt. Sie steht für sich alleine und hat lediglich Informationscharakter. Du kannst der Node lediglich einen Titel zuweisen, der als Bezeichnung sichtbar ist, oder auch eine umfangreichere Detailbeschreibung mit mehreren Zeilen im sogenannten *Body* mitgeben:

Der Flow

Sehen wir uns jetzt den Flow genauer an. Damit der Taster-Status zu Testzwecken im Debug-Fenster sichtbar ist, habe ich diesen Teil des Flows im Vergleich zum Anfang nicht verändert. Damit jetzt jedoch eine Steuerung des Dashboard-Schalters möglich ist, muss eine Konvertierung der *rpi gpio*-Node-Werte vorgenommen werden.

$$0 \implies \text{false}$$

$$1 \implies \text{true}$$

Dazu verwenden wir am besten eine *function*-Node und sehen uns den Code an:

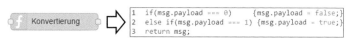

```
1  if(msg.payload === 0)     {msg.payload = false;}
2  else if(msg.payload === 1) {msg.payload = true;}
3  return msg;
```

Abbildung 13: Die Nachrichten-Konvertierung

Hier kommt wieder die schon bekannte Abfrage über *if-then-else* ins Spiel. Eine Abfrage auf Gleichheit kann in JavaScript auf zwei unterschiedliche Weisen erfolgen. In den Programmiersprachen Java oder C/C++ z.B werden zu diesem Zweck zwei Gleichheitszeichen == verwendet. Doch hier hast du es auf einmal mit drei Gleichheitszeichen zu tun. Was soll das denn nun wieder sein? Die Sache ist recht einfach und hat etwas mit unterschiedlichen Datentypen zu tun. Ein *Datentyp* stellt eine Zusammenfassung gleicher Wertebereiche zu einer definierten Einheit dar. Klar? Noch nicht so ganz - oder?! Wenn wir z.B. numerische Werte wie 1, 3, 47, -6, 0 usw. haben, sind das allesamt ganzzahlige Werte, die in die Einheit bzw. Kategorie *Integer* fallen. Dagegen handelt es sich bei den Werten *"Hallo"*, *"Node-RED"* oder *"Raspberry Pi"* um Zeichenketten, die in die Kategorie *String* fallen. In der Informationsverarbeitung werden diese Kategorien u.a. deshalb eingerichtet, weil sie einer abweichenden Ablage innerhalb des Speichers bedürfen. Man kann ja schlecht Äpfel mit Birnen vergleichen und konkret ist es nicht sinnvoll, einen Vergleich des ganzzahligen Wertes *4712* mit dem Zeichenwert *"Osterhase"* vorzunehmen. Was sollte da verglichen werden? Naheliegender bzw. sinnvoller ist da schon der Vergleich von zwei Werten mit ebenfalls unterschiedlichen Datentypen: *47* und *"47"*. Hier ist es möglich, eine sogenannte Datentyp-Konvertierung durchzuführen. Der String *"47"* kann problemlos in den Datentyp Integer konvertiert werden, wodurch eine anschließende Bewertung auf Gleichheit durchaus zulässig wird. Nun kommen wir wieder zum Thema der zwei bzw. drei Gleichheitszeichen. Schauen wir uns dazu die folgenden Vergleiche an, wobei zwei Werte miteinander verglichen werden, wovon der erste *x = 10* ist:

Operator	Beschreibung	Vergleich	Ergebnis
==	Prüfung auf Gleichheit	x == 5	false
==	Prüfung auf Gleichheit	x == 10	true
==	Prüfung auf Gleichheit	x == "10"	true
===	Prüfung auf Gleichheit und Datentyp	x === 5	false
===	Prüfung auf Gleichheit und Datentyp	x === 10	true
===	Prüfung auf Gleichheit und Datentyp	x === "10"	false

Während der Vergleich *x == "10"* zu dem Ergebnis *true*, also wahr führt, weil vor dem Vergleich eine implizite Konvertierung der Zeichenkette *"10"* in den Integerwert *10* vorgenommen wird, kommt es beim Vergleich von *x === "10"* zu einer Berücksichtigung der beiden verschiedenartigen Datentypen und das Ergebnis wird mit *false* quittiert. Du musst dir also bei der Verwendung der beiden Vergleichsmöglichkeiten vorher Gedanken machen, wie du etwaige unterschiedliche Datentypen behandeln möchtest.

Doch kommen wir zurück zu unserer Funktion. Die eingehende Nachricht, die sich in *msg. payload* befindet, wird einer entsprechenden bzw. erforderlichen Bewertung unterzogen, und je nachdem, wie diese aussieht, wird die Nachricht so modifiziert, dass die nachfolgende *switch*-Node diese korrekt interpretiert, um darüber den Schalter umzuschalten. Für Testzwecke habe ich noch die beiden *inject*-Nodes beibehalten, die den Schalter unabhängig vom Hardware-Taster ändern. Derartige Einspeisungen an geeigneten Stellen sind immer dann ratsam, wenn der Flow an ganz bestimmten Stellen auf korrekte Funktion hin getestet werden soll.

Das Dashboard-Aussehen manipulieren
In vielen Applikationen ist es möglich, über das Umschalten von sogenannten *Themes* das Aussehen zu ändern. Der eine mag lieber ganz helle und klare Farben, ein anderer liebt es quietschbunt und der nächste schätzt eine dunkle Farbgebung. Rufe dazu das Menü auf, wähle den Punkt *View|Dashboard* und anschließend *Dashboard*.

Abbildung 15: Die Dashboard-Konfiguration

Nun wird auf der rechten Seite ein weiterer Reiter sichtbar, der den sprechenden Namen Dashboard trägt.

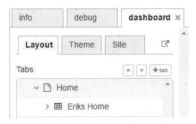

Abbildung 16: Der Dashboard-Reiter

Nach dem Wechsel zum *Theme*-Reiter auf dem Dashboard-Reiter kannst du dort über einen Klick auf den Style das dunkle Theme bzw. den *Style* auswählen:

Abbildung 17: Den Dashboard-Style auswählen

Dies machst sich im Dashboard-Frontend wie folgt bemerkbar:

Abbildung 18: Der Dashboard-Style "Dark"

Das hat auch etwas, und ich persönlich finde dunkle Styles zeitweise ganz ansprechend. Wenn du jedoch dein eigenes Farbschema erstellen möchtest, wähle *Custom*, denn hier bietet sich dir eine Möglichkeit, über spezielle Farbauswahldialoge ein ganz persönliches Farbschema zu kreieren:

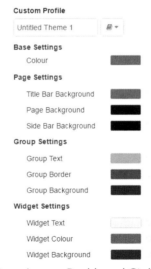

Abbildung 19: Den eigenen Dashboard-Style zusammenklicken

Über einen Mausklick auf das Buch-Symbol kannst du natürlich dieses Farbschema - oder auch mehrere - unter einem eigenen Namen in einer Library abspeichern und später wieder abrufen:

Abbildung 20: Den eigenen Dashboard-Style abspeichern

Was hast du gelernt

In diesem Hack hast du die *gpio rpi*-Node zur Abfrage eines Tasters kennengelernt. Hierüber ist es dir möglich, den Status beim Tastendruck abzufragen. Bei jedem Statuswechsel wird eine entsprechende Nachricht in den Flow eingespeist. Des Weiteren wurdest du mit der Problematik eines offenen Eingangs in der Digitaltechnik vertraut gemacht. Zur Behebung des Problems hast du die externe Verschaltung über einen Pullup- bzw. Pulldown-Widerstand kennengelernt. Eine entsprechende Konfiguration von Node-RED kann interne Widerstände des Raspberry Pi aktivieren, die eine externe Verschaltung überflüssig machen. Über eine spezielle *comment*-Node ist es dir möglich, über eigene Kommentare den Flow lesbarer zu machen, die jedoch keinen Einfluss auf den Flow haben. Am Ende des Hacks haben wir noch das Aussehen des Dashboards angepasst und eine andere Farbgebung aktiviert bzw. abgespeichert.

Hack 5 • Zugriff auf den Arduino

In der Einleitung habe ich erwähnt, dass du mit Node-RED auch auf das sehr beliebte und funktionsstarke Arduino-Board zugreifen kannst. Es gibt eine Menge verschiedener Arduino-Boards, doch der *Arduino-Uno* - wenn es sich hierbei auch nicht um das neueste Board seiner Gattung handelt - ist immer noch das Standard-Modell für den ersten Kontakt mit einem Mikrocontrollerboard. Er bietet für den Anfang genügend I/O-Pins für die Realisierung vieler eigener Projekte bzw. Hacks. Bevor du damit beginnst, über Node-RED eine Kommunikation mit dem Board herzustellen, ist es sicherlich sinnvoll, ein paar grundlegende Dinge zu erläutern. Betrachten wir das Board einmal aus der Nähe und schauen uns an, was sich darauf befindet:

Abbildung 1: Der Arduino-Uno mit seinen Anschlüssen

Das Board verfügt über einen Mikrocontroller vom Typ *ATmega328P*, der mit einer Taktfrequenz von 16MHz arbeitet, und weist folgende IO-Pins auf, die wir für die verschiedensten Hacks nutzen können:

- Digitale Ein- bzw. Ausgänge (14)
- Analoge Eingänge (6)

Detailinformationen zum Arduino Uno sind unter der folgenden Internetadresse zu finden:

https://www.arduino.cc/en/Main/arduinoBoardUno

Natürlich gibt es auch eine Entwicklungsumgebung für Arduino-Boards, die auf dem Raspberry Pi sehr leicht installiert werden kann. Du musst lediglich die folgenden Befehle ausführen:

```
# sudo apt-get update
# sudo apt-get install arduino
```

Nach kurzer Zeit steht dir die Entwicklungsumgebung (*IDE* genannt) zur Verfügung. Der Start erfolgt über die Raspberry Pi-Startschaltfläche. Im Untermenü *Entwicklung* befindet sich jetzt ein neuer Eintrag mit dem Namen *Arduino IDE*:

Abbildung 2: Der Start der Arduino-IDE

Bevor es jedoch losgeht, sollten wir uns ein wenig mit der Programmierung des Arduino beschäftigen. Die Programme für den Arduino-Uno werden in der Programmiersprache C/C++ geschrieben und ein solches Programm besitzt im Arduino-Umfeld die Bezeichnung *Sketch*. Wenn du also einen Sketch zur Ansteuerung der digitalen Pins programmierst, um z.B. eine Ampel zu simulieren, dann wird hierzu die genannte Programmiersprache verwendet, und der Arduino wird dann beim Upload mit einer speziellen Firmware versehen. Wenn dein Arduino mithilfe eines angeschlossenen Sensors die Umgebungstemperatur über einen analogen Pin ermitteln soll, wird ein anderer Sketch programmiert und im Anschluss auf den Arduino geladen. Das alles ist natürlich nur über die Arduino-IDE möglich. Da du mit Node-RED aber keinen Zugriff auf diese Entwicklungsumgebung hast, muss ein anderer Weg beschritten werden. Hierbei haben wir zwar nicht die Flexibilität, die uns die Programmierung eines Sketches mittels der Arduino-IDE bietet, doch es geht in diesem Fall primär um den Zugriff auf die eben genannten I/O-Pins zur Abfrage von Sensoren oder zur Ansteuerung von Aktoren, und das ist hier ja alles, was wir mit Node-RED realisieren möchten.

Das Firmata-Protokoll

Für den Arduino gibt es einen speziellen Sketch, der ein besonderes Protokoll auf dem Mikrocontroller installiert. Dieses Protokoll nennt sich *Firmata* und ermöglicht uns, den Arduino quasi fernzusteuern, ohne genaue Kenntnisse über die Arduino-eigene Programmierung mithilfe von C/C++ zu besitzen. Eine Kommunikation ist also sehr einfach von einem entfernten Computer aus möglich, der das Protokoll verwendet, das auf dem *MIDI-Message-Format* basiert. Detailinformationen zu Firmata sind z.B. unter den folgenden Internetadressen zu finden:

https://wiki.fhem.de/wiki/Arduino_Firmata

https://www.arduino.cc/en/reference/firmata

Die Kommunikation wird anhand der folgenden Abbildung sicherlich etwas anschaulicher:

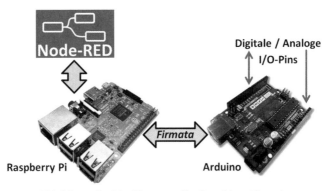

Abbildung 3: Die Kommunikation über Firmata

Alles, was deinerseits hinsichtlich der Arduino-Programmierung erforderlich ist, ist die Installation der Firmata-Firmware auf deinem Arduino-Board. Die Arduino-Entwicklungsumgebung enthält standardmäßig zahlreiche Beispiel-Sketche, unter denen sich auch der er-
forderliche Firmata-Sketch befindet. Sein Name lautet *StandardFirmata*. Doch bevor du ihn
auf das Arduino-Board lädst, musst du die Entwicklungsumgebung konfigurieren, denn es
müssen zwei entscheidende Auswahlen erfolgen, damit eine Kommunikation von Entwicklungsumgebung und Arduino-Uno miteinander erfolgen kann:

- Die Auswahl des richtigen Arduino-Boards
- Die Auswahl des korrekten seriellen Ports

Bevor du jedoch die Arduino-IDE und die entsprechende Konfiguration startest, solltest du
den Arduino-Uno über ein USB-Kabel mit dem Raspberry Pi verbinden. Auf diese Weise
wird die entsprechende serielle Schnittstelle eingerichtet, die über den USB-Anschluss zur
Verfügung gestellt wird:

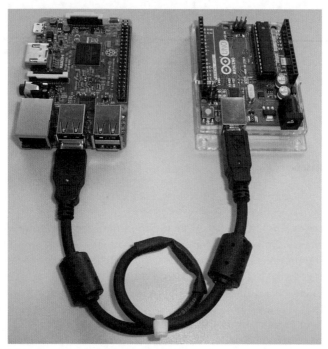

Abbildung 4: Der Raspberry Pi und der Arduino Uno im Verbund

Starte jetzt die Arduino-Entwicklungsumgebung.

Die Wahl des richtigen Arduino-Boards erfolgt über den Menüpunkt *Tools|Board*:

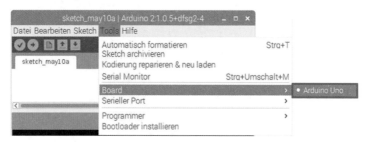

Abbildung 5: Die Wahl des richtigen Arduino-Boards

Die Wahl der korrekten seriellen Schnittstelle erfolgt über den Menüpunkt *Tools|Serieller Port*:

Abbildung 6: Die Wahl der korrekten seriellen Schnittstelle

Die serielle Schnittstelle für das angeschlossene Arduino-Board am Raspberry Pi ist standardmäßig */dev/ttyACM0*. Diesen Pfad benötigst du später noch bei der Einrichtung des Zugriffs auf das Board in Node-RED. Kommen wir jetzt zum Upload des erwähnten *StandardFirmata*-Sketches. Gehe über den Menüpunkt *Datei|Beispiele|Firmata* und wähle dort *StandardFirmata* aus:

Abbildung 7: Die Wahl des StandardFirmata-Sketches

Im nächsten Schritt klickst du auf das *Upload*-Symbol in der Symbolleiste der Entwicklungsumgebung

und wartest auf die abschließende Meldung, dass der Upload abgeschlossen ist:

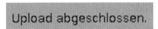

Das Arduino-Board ist nun für die Kommunikation über das Firmata-Protokoll vorbereitet - mehr ist hinsichtlich der Programmierung des Arduino-Boards nicht erforderlich. Falls du schon ein anderes Arduino-Board wie den Arduino-Uno besitzt und z.B. den *Arduino-Leonardo* - nur als Beispiel - dein Eigen nennst, ist das natürlich auch kein Problem. Das hier vorgestellte Verfahren funktioniert auch mit vielen anderen Arduino-Boards.

Node-RED vorbereiten

Kommen wir jetzt zur Installation einer Arduino-Erweiterung, die das Firmata-Protokoll unterstützt. Auf der folgenden Internetseite findest du die entsprechende Library (und natürlich viele weitere Libraries):

https://flows.nodered.org/

Zur Filterung und Eingrenzung der angezeigten Libraries gibst du am besten den Suchbegriff Arduino in das Textfeld ein:

Node-RED Library

Find new nodes, share your flows and see what other people have done with Node-RED.

Arduino		Sort by: ● recent
☑ flows ☑ nodes	15 of 1484 things	○ downloads

Abbildung 8: Die Suche nach der Arduino-Erweiterung für Node-RED

Suche jetzt die folgende Kachel und klicke darauf:

Abbildung 9: Die Arduino-Kachel

Die nachfolgende Internetseite, die sich öffnet, zeigt die erforderlichen Informationen zur Installation der *node-red-node-arduino*-Library in Node-RED. Du muss lediglich in einem Terminal-Fenster auf deinem Raspberry Pi die folgende Zeile eingeben und bestätigen:

```
# cd ~/.node-red
# npm i node-red-node-arduino
```

Starte im Anschluss deinen Node-RED-Server neu und verbinde dich wieder über den Browser mit dem Server. Du wirst im Node-RED-Frontend die folgenden neuen Nodes finden:

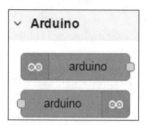

Abbildung 10: Die neue Arduino-Palette in Node-RED

Ein erster Test der Arduino-Palette

Kommen wir zu einem ersten Test des angeschlossenen Arduino-Boards am Raspberry Pi. Auch hier starten wir wieder mit einem *Hello World*-Szenario. Dies ist beim Arduino das

Blinken bzw. Ein- und Ausschalten der auf dem Board befindlichen LED, die mit *L* gekenn-zeichnet ist. Sie befindet sich am digitalen Pin 13 - du benötigst hierfür also keine zusätzli-che Hardware in Form eines Vorwiderstandes bzw. einer LED:

Abbildung 11: Der Flow zur Ansteuerung der LED an Pin 13 des Arduino

Doch bevor das funktioniert, musst du der *arduino out*-Node die Information, an welchem seriellen Port sich denn dein Arduino-Board befindet und welcher Pin anzusteuern ist, mit auf den Weg geben. Öffne also die Konfiguration dieser Node:

Abbildung 12: Die Konfiguration der arduino-Node

Die hier rot umrandeten Felder zeigen dir, dass dort eine Information fehlt. Zunächst ist ein neues Arduino-Board zu bestimmen, wozu du die richtige serielle Schnittstelle auswählen musst. Klicke also auf das *Stift*-Symbol. Im nachfolgenden Dialog-Fenster kannst du den Pfad eintragen, den ich eben im Kontext der seriellen Schnittstelle angeführt habe. Doch es geht auch einfacher. Klicke dazu auf das *Suchen*-Symbol:

Abbildung 13: Die Arduino-Schnittstelle suchen

Es öffnet sich eine Liste mit den erkannten seriellen Schnittstellen, von denen du lediglich die richtige auswählen musst:

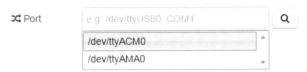

Abbildung 14: Die richtige Arduino-Schnittstelle auswählen

Der obere Eintrag */dev/ttyACM0* ist für uns der richtige. Nach der Auswahl bestätigst du diese mit einem Klick auf die rote *Add*-Schaltfläche, wodurch ein entsprechender Eintrag im System hinterlegt wird. Nun musst du lediglich noch den Type und den Pin definieren.

Abbildung 15: Type und Pin auswählen

Da es sich um eine digitale Ansteuerung handelt, wähle *Digital (0/1)* aus der Liste aus und trage die Pinnummer 13 in die entsprechende Zeile ein. Abschließend bestätigst du deine Eingaben mit einem Klick auf die rote *Done*-Schaltfläche. An dieser Stelle noch ein kleiner Hinweis auf ein weiteres Symbol, das sich oberhalb einer Node befinden kann. Wenn eine Node noch nicht konfiguriert ist, befindet sich dort als optisches Merkmal ein kleines rotes Dreieck. Es verschwindet, wenn alle erforderlichen Informationen vorhanden sind:

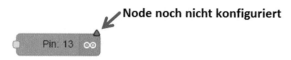

Ein weiteres nützliches Merkmal ist die Anzeige des Verbindungsstatus bei dieser Node:

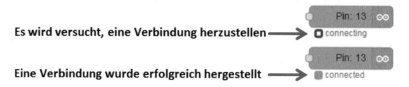

Doch nun zum eigentlichen Flow:

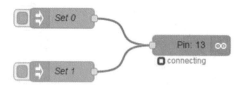

Abbildung 16: Der Flow zur Ansteuerung der Arduino-LED an Pin 13

Die *inject*-Nodes versenden entweder eine 0 oder eine 1. Die Konfiguration muss ich an dieser Stelle wohl nicht mehr zu zeigen. Du hast mittlerweile auch genügend Grundlagen, um einen Flow zu schreiben, bei dem die LED automatisch blinkt. Versuche dich daran.

Wir messen die Temperatur

Was wir bisher getan haben, war zwar ganz nett, aber ich gebe zu, dass die *Hello World's* einem irgendwann zum Hals raushängen. Dennoch war es gut, zu sehen, wie das Ganze funktioniert, und deswegen auch nicht völlig überflüssig. Ein analoger Wert unterscheidet sich von einem digitalen darin, dass er nicht nur 0 oder 1 sein kann, was den Werten 0V und 5V beim Arduino entspricht. Ein analoges Signal weist, zeitlich gesehen, einen stufenlosen und unterbrechungsfreien Signalverlauf auf. Eine Temperaturkurve liefert einen kontinuierlichen Verlauf der physikalischen Größe *Temperatur*. Bevor wir jedoch zu einem geeigneten Temperatursensor kommen, der uns die Umgebungstemperatur anzeigt, führen wir einen ersten Test mit einem Potentiometer, bei dem es sich um einen variablen Widerstand handelt, durch. Diesen schließen wir an einen der analogen Eingänge des Arduino an und schauen dann, welche Auswirkungen dieser bei Widerstandsänderungen in Node-RED hat.

Welche Bauteile benötigst du?
Für diesen Hack benötigst du die folgenden Bauteile:

Potentiometer 10KΩ mit angelöteten Patch-Kabeln 1x	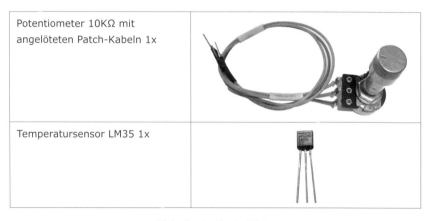
Temperatursensor LM35 1x	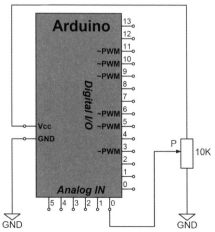

Tabelle 1: Bauteilliste

Der Schaltplan dazu sieht wie folgt aus:

Abbildung 17: Der Schaltplan mit einem Potentiometer am analogen Eingang des Arduino

Das Potentiometer ist ein variabler Spannungsteiler, der je nach mechanischer Stellung des Drehknopfes einen Spannungswert zwischen 0V und Betriebsspannung - hier 5V - an den analogen Eingang *A0* des Arduino liefert. Der Flow für die Anzeige des gemessenen Wertes am Eingang *A0* sieht folgendermaßen aus:

Abbildung 18: Die Anzeige des gemessenen Wertes an A0

Die Konfiguration der *arduino in*-Node stellt sich wie folgt dar:

☰ Arduino	/dev/ttyACM0	▼	✎
🔧 Type	Analogue pin ▼		
● Pin	0		

Abbildung 19: Die Konfiguration der arduino in-Node für den Eingang A0

Hier wurde der *Type* als *Analogue pin* gewählt und der Pin mit dem Wert 0 versehen, was dem analogen Eingang *A0* entspricht. Nach dem Deploy des Flows zeigt das Debug-Fenster je nach Stellung des Potentiometers unterschiedliche Werte, die sehr schnell durchlaufen, an. Hier ein Beispiel:

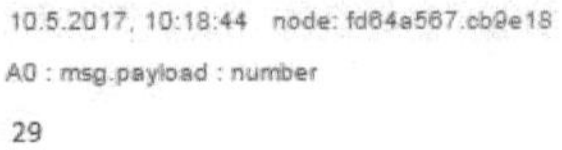

10.5.2017, 10:18:44 node: fd64a567.cb9e18
A0 : msg.payload : number
29

Abbildung 20: Ein gemessener Wert am Eingang A0

Wenn du das Potentiometer in die beiden Anschläge fährst, wirst du bemerken, dass ein Bereich von 0 bis 1023 durchlaufen wird. Es kann sich hier also nicht um Spannungswerte handeln. Wie kommen diese Werte zustande? Nun, der Arduino-Uno besitzt hinsichtlich der Genauigkeit an den analogen Eingängen eine Auflösung von 10-Bit. Die Einzelschritte berechnen sich demnach wie folgt:

$$2^{10} = 1024$$

Der Spannungsbereich der Versorgungsspannung, der hier 5V beträgt, wird also in 1024 Teile zerlegt, was die folgende Genauigkeit ergibt:

$$\frac{5V}{1024} = 0{,}00488V = 4{,}9mV$$

Wie können wir aber nun in Node-RED statt des gemessenen und für uns eigentlich nichtssagenden Bereichswertes den entsprechenden Spannungswert anzeigen? Das lässt sich sehr einfach mit einer Bereichsanpassung bewerkstelligen. Die Werte 0 bis 1023 müssen in die Wert 0 bis 5 umgewandelt werden:

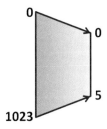

Natürlich könnten wir dies mittels einer geeigneten Formel bzw. Umrechnung erledigen, doch Node-RED stellt hierfür eine spezielle Node aus der *function*-Palette zur Verfügung.

Die *range*-Node wandelt einen eingehenden Bereich in einen ausgehenden um. Du musst lediglich diese beiden Bereiche in der Konfiguration dieser Node eintragen:

Abbildung 21: Die Konfiguration der range-Node

Wenn du diese *range*-Node zwischen der *arduino*-Node und der *debug*-Node einfügst, werden die eingehenden Werte in Spannungswerte umgerechnet und im Debug-Fenster angezeigt.

Abbildung 22: Die eingefügte range-Node

Da diese Werte jedoch einen ziemlich langen Nachkommaanteil aufweisen, ist es sicherlich sinnvoll, hier eine Rundung vorzunehmen. Ich habe zu diesem Zweck noch eine function-Node mit der erforderlichen Umrechnung eingefügt und als Einheit noch ein *V* für *Volt* hinten an die Payload angehängt:

Abbildung 23: Die eingefügte function-Node

Der Code der *function*-Node sieht wie folgt aus:

```
1  msg.payload = msg.payload.toFixed(2);
2  msg.payload += "V";
3  return msg;
```

Abbildung 24: Die eingefügte function-Node

Für das Umrechnen bzw. Begrenzen auf zwei Nachkommastellen habe ich die *toFixed*-Methode mit der Angabe der gewünschten Stellenanzahl an die Payload angehängt.

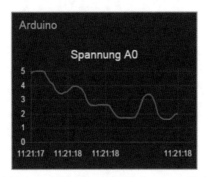

Abbildung 25: Ein umgerechneter Wert des Eingang A0

Das sieht jetzt schon ein wenig aussagekräftiger und informativer aus. Doch das Ganze wäre sicherlich noch anschaulicher, wenn wir den zeitlichen Verlauf grafisch präsentieren könnten, wie das in der folgenden Abbildung zu sehen ist:

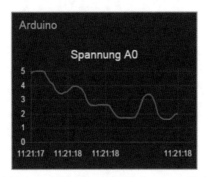

Abbildung 26: Die eingefügte chart-Node

Mithilfe der *chart*-Node aus der Dashboard-Palette ist das ein Kinderspiel. Dann sehen wir uns den entsprechenden Flow einmal genauer an:

Abbildung 27: Die eingefügte chart-Node

Kommen wir zur Konfiguration der einzelnen Nodes. Die *arduino in*-Node bleibt in der Konfiguration unverändert, wie du es schon eben gesehen hast. Es wird der analoge Eingang *A0* abgefragt:

Abbildung 28: Die arduino in-Node

Die *range*-Node ist ebenfalls unverändert in ihrer Konfiguration, bei der die Werte 0 bis 1023 in 0 bis 5 umgerechnet werden:

Abbildung 29: Die range-Node

Die *function*-Node wurde etwas abgeändert, denn da wir den Wert nicht mehr ins *Debug*-Fenster schicken, ist auch das Anhängen der Einheit *V* für *Volt* nicht mehr erforderlich:

Abbildung 30: Die function-Node

Für das Anzeigen des analogen Messwertes im zeitlichen Verlauf nutzen wir die *chart*-Node mit der folgenden Konfiguration:

Abbildung 31: Die chart-Node

Die Anzeige des Dashboards erfolgt wieder über die IP-Adressse mit angehängtem *ui*-Verzeichnis:

http://192.168.178.27:1880/ui/

Achte darauf, dass du hier wieder deine eigene IP-Adresse verwendest.

Der Temperatursensor LM35
Kommen wir endlich zur angestrebten Temperaturmessung. Wir verwenden dazu den Temperatursensor *LM 35*, der ähnlich einem Transistor drei Anschlussbeinchen besitzt. Zwei sind für die Spannungsversorgung zuständig und einer dient als Ausgang.

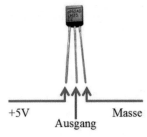

+5V   Ausgang   Masse

Abbildung 32: Der Temperatursensor LM35 mit seiner
Anschlussbelegung in einem TO-92-Plastikgehäuse

Dieser Sensor wandelt die gemessene Temperatur in einen analogen Spannungswert um, der sich proportional zur Temperatur ändert. Dies wird als *temperaturproportionales* Spannungsverhalten bezeichnet. Der Sensor hat eine Empfindlichkeit von 10mV/C0 und einen messbaren Temperaturbereich von 0^0 bis 100^0C. Für negative Temperaturwerte ist er also ungeeignet, weshalb er nicht in Wetterstationen oder Tiefkühltruhen zum Einsatz kommt. Die Formel zur Berechnung der Temperatur in Abhängigkeit vom gemessenen Wert am analogen Eingang lautet wie folgt:

$$Temperatur \ [°C] = \frac{5.0 \cdot 100.0 \cdot analogPin}{1024.0}$$

Mit den Formelwerten hat es die folgende Bewandtnis:

- *5.0*: Arduino-Referenzspannung von *5V*
- *100.0*: maximal messbarer Wert des Temperaturfühlers
- *1024*: Auflösung des analogen Eingangs

Der Anschluss des Sensors erfolgt auf die gleiche Weise wie beim zuvor verwendeten Potentiometer:

Arduino
13
12
11
10
9
8
7
6
5
4
3
2
1
0
~PWM
~PWM
~PWM
~PWM
~PWM
~PWM
Digital I/O
Vcc
GND
Analog IN
5
4
3
2
1
0
+Vs
LM35
Vout
GND

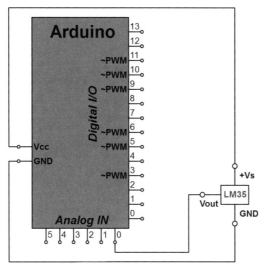

Abbildung 33: Der Schaltplan mit dem Temperatursensor LM35 am analogen Eingang des Arduino

In der folgenden Abbildung sehen wir, wie du den Flow anpassen musst, damit auch der korrekte Temperaturwert angezeigt wird:

Pin: A0
connected
Konvertierung
msg.payload

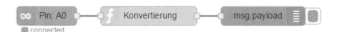

Abbildung 34: Der Flow zur Anzeige der Temperatur

Das ist mittlerweile für dich sicherlich nichts Kompliziertes mehr. Schauen wir uns trotzdem noch die Konfiguration der *function*-Node an:

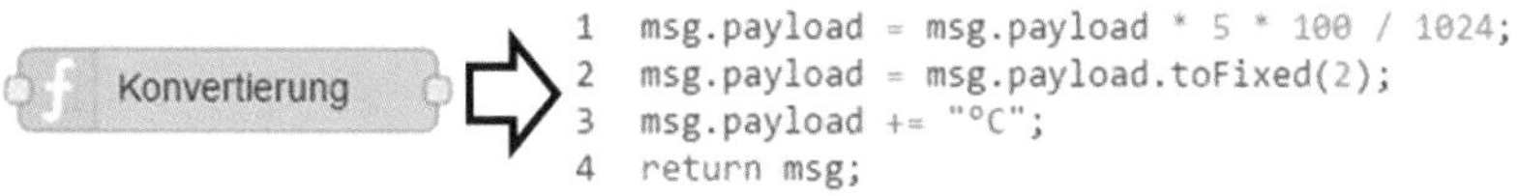

Konvertierung
1 msg.payload = msg.payload * 5 * 100 / 1024;
2 msg.payload = msg.payload.toFixed(2);
3 msg.payload += "°C";
4 return msg;

Abbildung 35: Die function-Node

In Zeile 1 erfolgt die Umsetzung der genannten Formel und in Zeile 2 eine Begrenzung der Ausgabe mithilfe der *toFixed*-Methode auf 2 Nachkommastellen. Das kennst du mittlerweile. Am Ende wird der Zeichenkette in Zeile 3 noch ein *Grad Celsius* angehängt. Die Ausgabe im *debug*-Fenster sieht dann so aus:

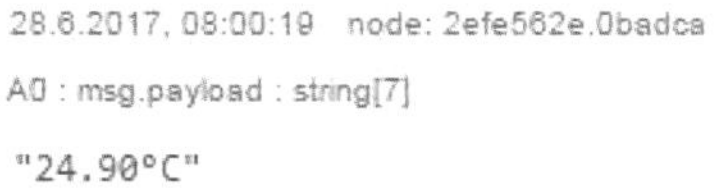

28.6.2017, 08:00:19 node: 2efe562e.0badca
A0 : msg.payload : string[7]
"24.90°C"

Abbildung 36: Die Anzeige der aktuellen Temperatur über die debug-Node

Natürlich möchten wir wieder eine schöne und aussagekräftige Anzeige über ein Anzeigeinstrument erhalten. Hier muss wieder die *gauge*-Node herhalten, die du schon im PWM-Hack verwendet hast. Der leicht modifizierte Flow stellt sich dann folgendermaßen dar:

Abbildung 37: Der Flow zur Anzeige der Temperatur über die gauge-Node

Natürlich musst du die *gauge*-Node noch entsprechend konfigurieren, denn sie muss wissen, welche der zu erwartende Minimal- bzw. der Maximalwert ist, was wiederum über die *Range* (min bzw. max) festgelegt wird:

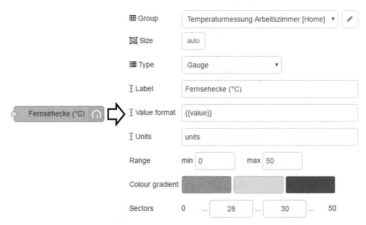

Abbildung 38: Die gauge-Node Konfiguration

Ein sehr brauchbares Feature ist die Angabe der Farbgradienten und deren Bereichen. Wenn sich der Temperaturwert in bestimmten Bereichen bewegt, kann darüber die Farbgebung der Anzeige gesteuert werden:

Abbildung 40: Die verschiedenen Farben der Anzeige der gauge-Node

Zu Testzwecken habe ich diese hier einmal sehr dicht aneinander gelegt, denn dann kannst du sehr einfach mit dem Finger den Temperaturbereich ändern und siehst unmittelbar die Farbänderungen. Im Realbetrieb würde ich diese sicherlich weiter auseinanderziehen, also z.B. Grün: 0 bis 22, Gelb: 22 bis 27 und Rot: 27 bis 50. Natürlich ist es auch möglich, die Farben noch anzupassen. Klicke dazu einfach auf das jeweilige Farbfeld, das du ändern möchtest. Es öffnet sich ein Farb-Dialog, über den du eine eigene Farbe auswählen kannst:

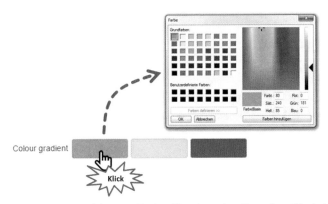

Abbildung 41: Die Wahl einer Farbe für einen bestimmten Wertebereich

Ist dir an diesem Flow etwas aufgefallen? Die *function*-Node liefert am Ausgang eine Zeichenkette in der Form 24.90°C, was natürlich kein rein numerischer Wert ist. Dennoch verarbeitet die nachfolgende *gauge*-Node diese Zeichenkette ohne Probleme. Natürlich ist dieser Flow noch ausbaufähig und ich überlasse es dir, was du dort noch änderst. Nun möchte ich dich mit einer Datenübertragung bekannt machen, die nicht auf dem Firmata-Protokoll basierend abläuft. Firmata ist zwar sehr einfach zu verwenden und in vielen Fällen bei der Übermittlung von analogen bzw. digitalen Messwerten sehr zu empfehlen, doch es kann auch vorkommen, dass man eigene Formate verwenden möchte, die keinem vordefiniertem Schema folgen. Aus diesem Grund möchte ich dir im folgenden Hack zeigen, wir du individuelle Daten in Form eines Datenstroms auf die serielle Schnittstelle schickst und mit Node-RED empfängst und wieder entzifferst. Die Analyse eines Datenstroms wird übrigens *Parsen* genannt.

Der DHT11-Sensor

Wir verwenden gleich einen besonderen Sensor mit der Bezeichnung *DHT11*, der sowohl einen Temperatur- als auch Feuchtigkeitswert ermittelt und als Umweltsensor bezeichnet wird. Diese Werte wollen wir dann mithilfe des Dashboards anzeigen. Doch bevor es soweit ist, werden wir ein wenig Vorarbeit leisten müssen, denn es warten neue Nodes bzw. Techniken auf dich.

Welche Bauteile benötigst du?

Für diesen Hack benötigst du die folgenden Bauteile:

Sensor DHT11	
Widerstand 4,7KΩ 1x	

Tabelle 1: Bauteilliste

Doch sehen wir uns das Ganze einmal anhand einer erläuternden Grafik an:

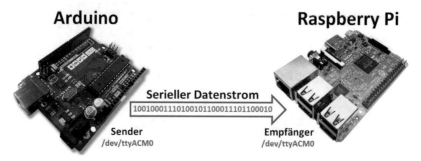

Abbildung 42: Der serielle Datenstrom vom Arduino zum Raspberry Pi

Natürlich benötigen wir zur Abfrage der seriellen Schnittstelle beim Arduino wieder einen entsprechenden COM-Port, wie du ihn schon bei der Konfiguration der Firmata-Node gesehen hast. Die Bezeichnung ist unverändert */dev/ttyACM0*. Jedoch nutzen wir nun anstelle dieser Node eine aus der *Output*-Palette mit der Bezeichnung *Serial*:

Sie empfängt Daten der seriellen Schnittstelle und leitet sie im Flow weiter zur nächsten Node. Die Konfiguration sieht folgendermaßen aus:

Abbildung 43: Die serial-Node-Konfiguration

Beim Datenaustausch über die serielle Schnittstelle ist es von entscheidender Bedeutung, dass beide Kommunikationspartner mit der gleichen Übertragungsgeschwindigkeit arbeiten. Ich habe mich für 9600 Baud (Baud = Schrittgeschwindigkeit) entschieden. Die Standardkonfiguration mit 8 Datenbits, keiner Parität und 1 Stoppbit habe ich belassen. Alle weiteren Einstellungen müssen wie gezeigt übernommen werden. Zur Anzeige der empfangenen Daten ist der folgende Flow hilfreich und die *debug*-Node leistet wieder gute Arbeit:

Abbildung 43: Der einfache Flow zur Anzeige des seriellen Datenstroms

Nun habe ich das Pferd von hinten aufgezäumt und erst die Empfängerseite erläutert, die der Raspberry Pi innehat. Wie der Datenstrom aussieht, sehen wir uns nach der Erläuterung der Sendeseite an, die durch den Arduino repräsentiert wird. Der folgende Arduino-Sketch konfiguriert die serielle Schnittstelle und versendet Testdaten:

```
void setup() {
  Serial.begin(9600); // COM-Port Konfiguration
}

void loop() {
  String myPayload;   // Nutzlast
  myPayload = "1";    // erster Wert
  myPayload += "/7";  // zweiter Wert
  myPayload += "/9";  // dritter Wert
  Serial.println(myPayload); // Daten versenden
  delay(1000);               // 1000ms (1s) Pause
}
```

In der *setup*-Funktion, die einmalig beim Sketch-Start ausgeführt wird, konfigurieren wir die serielle Schnittstelle mit 9600 Baud. Dazu nutzen wir die *begin*-Methode des *Serial*-Objektes. Nähere Informationen findest du unter der folgenden Internetadresse:

https://www.arduino.cc/en/Serial/Begin

In der *loop*-Funktion, die kontinuierlich ausgeführt wird, deklarieren wir eine Variable mit dem Namen *myPayload* vom Datentyp *String*, der in der Lage ist, eine Zeichenkette zu speichern. Diese soll später die einzelnen Werte 1, 7 und 9 versenden. Nun erfolgt die Versendung jedoch in einer einzigen Zeile, wobei zwischen den Werten ein Trennzeichen - ein sogenannter *Delimiter* - zum Einsatz kommt. Mittels Schrägstrich werden die einzelnen Werte voneinander separiert, denn der Datenstrom könnte auch wie folgt aussehen:

23/2345/Node-RED

Wie du siehst, haben wir es mit einer unterschiedlichen Zeichenanzahl pro Wert zu tun, und der Delimiter gibt eindeutig an, wie die einzelnen Werte zu handhaben sind. Über die *println*-Methode des *Serial*-Objektes wird die angegebene Zeichenkette in Richtung serielle Schnittstelle verschickt. Nähere Informationen findest du unter der folgenden Internetadresse:

https://www.arduino.cc/en/Serial/Println

Am Ende wird über die *delay*-Funktion eine Pause von 1 Sekunde spezifiziert. Nähere Informationen findest du unter der folgenden Internetadresse:

https://www.arduino.cc/en/Reference/Delay

Nach dem Upload des Sketches erscheint im *debug*-Fenster im Sekundenintervall die folgende Nachricht:

28.6.2017, 19:06:37   2ab70302.6d837c

msg.payload : string [7]

1/7/9

Nun geht es darum, die einzelnen Werte wieder zu trennen. Wir nutzen dazu die *split*-Node aus der *function*-Palette:

Sie muss wie folgt konfiguriert sein:

Abbildung 44: Die split-Node-Konfiguration

Den Namen kannst du natürlich weglassen oder individuell vergeben. Wenn du diese Node wie folgt einfügst:

Abbildung 45: Der erweiterte Flow zur Anzeige des seriellen Datenstroms

sieht die Ausgabe im *debug*-Fenster ein wenig anders aus:

28.6.2017, 19:16:08   2ab70302.6d837c

msg.payload : string [1]

1

28.6.2017, 19:16:08   2ab70302.6d837c

msg.payload : string [1]

7

28.6.2017, 19:16:08   2ab70302.6d837c

msg.payload : string [3]

9

Nun hast du es mit drei separaten Werten zu tun, die über die *split*-Node separiert wurden. Fällt dir etwas an der Länge der einzelnen Zeichenketten auf? Die letzte besitzt eine Länge von drei Zeichen, wobei die ersten beiden - wie zu erwarten - nur ein einziges Zeichen besitzen. Wie kommt das? Die Antwort ist einfach. Über das Versenden des Datenstroms durch die println-Methode auf der Arduino-Seite wurden ein *Carriage-Return* (ASCII 13) und ein *Linefeed* (ASCII 10) angehängt. Nun sind wir der Lösung schon einen Schritt näher. Im nächsten Schritt möchten wir die Testdaten natürlich bestimmten Variablen zur späteren Verwendung bzw. Auswertung zuweisen - z.B. nach dem folgenden Schema:

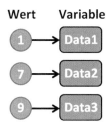

Hierzu nutzt du eine function-Node, die du natürlich schon kennst. Doch wir werden an dieser Stelle ein paar dir unbekannte Strukturen verwenden, die es uns ermöglichen, das Vorhaben auf leichte Weise umzusetzen. Der erweiterte Flow sieht dann wie folgt aus:

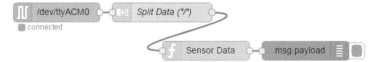

Abbildung 46: Der nochmals erweiterte Flow zur Anzeige des seriellen Datenstroms

Der Inhalt der function-Node ist etwas umfangreicher, so dass ich ihn in einzelne Teile zerlege, die ich hintereinander erläutern werde.

Teil 1:
Zu Beginn definieren wir die Context-Variable *data*, die später zur Aufnahme der Messwerte genutzt wird:

```
1   context.data = context.data || {};
```

Teil 2:
Im nächsten Schritt nutzen wir eine Möglichkeit, die zuvor in drei Teile (Parts) aufgesplittete Nachricht zu verarbeiten. Über *msg.parts.index* wird quasi ein Zeiger gespeichert, der als Index dient und auf das entsprechende Element verweist. Die Zählung beginnt bei 0:

```
 3 ▾ switch(msg.parts.index) {
 4       case 0:
 5           context.data.Data1 = parseFloat(msg.payload);
 6           msg = null;
 7           break;
 8       case 1:
 9           context.data.Data2 = parseFloat(msg.payload);
10           msg = null;
11           break;
12       case 2:
13           context.data.Data3 = parseFloat(msg.payload);
14           msg = null;
15           break;
16 ▴ }
```

Nähere Informationen über *msg.parts.index* sind unter der folgenden Internetadresse zu finden:

https://github.com/node-red/node-red/wiki/Design:-msg.parts---description-of-usage

Über die *switch-case*-Anweisung wird eine vereinfachte Verzweigung erzielt, wobei in *switch* die auszuwertende Variable angegeben wird. Hinter *case* befinden sich dann die auszuführenden Befehle, die abgearbeitet werden, wenn der angegebene Indexwert zutreffend ist. Die *break*-Anweisung beendet die Ausführung des entsprechenden Blocks. Schauen wir uns das Flussdiagramm zur *switch-case-* Struktur an:

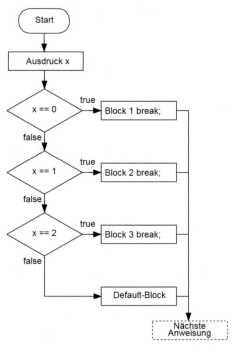

Abbildung 47: Das Flussdiagramm zur Kontrollstruktur switch-case

In JavaScript wird das wie folgt umgesetzt:

```
switch(Ausdruck) {
    case n:
        code block 1
        break;
    case n:
        code block 2
        break;
    case n:
        code block 3
        break;
    default:
        code block
}
```

Der Default-Block wird immer dann angesprungen, wenn aufgrund der nicht zutreffenden Bedingung keiner der *case*-Blöcke zur Ausführung kommt. Er besitzt am Ende keine *break*-Anweisung. Doch zurück zu unseren Erläuterungen.

In jedem *case*-Block wird über die Funktion *parseFloat* versucht, die Nachricht *msg.payload* in den Datentyp *Float* (Gleitkommawert) zu konvertieren.

Teil 3:
Im nächsten Schritt initialisieren wir die Variable *isValid*, die nur dann den Wahrheitswert *true* (wahr) erhält, wenn alle drei Werte - Data1, Data2 und Data3 - ermittelt wurden:

```
18   isValid = context.data.Data1 &&
19             context.data.Data2 &&
20             context.data.Data3;
```

Teil 4:
Diese Statusvariable wird dann dazu verwendet, nur bei positivem Status, also bei *true*, das Rückgabeobjekt *newMsg* zurückzuliefern:

```
22 ▾ if(isValid) {
23       var time = Date();
24       context.data.Time = time.toString();
25       newMsg = { payload: context.data, topic: 'Test Data' };
26       context.data = null;
27       return newMsg;
28 ▴ }
29   else
30       return msg;
```

Das Objekt *newMsg* wird in Zeile 25 definiert und mit einem Topic versehen. Dies erleichtert bei sehr vielen Objekten die Einordnung in einen Kontext. Damit wir sehen, wann die Messwerte eintreffen, fügen wir noch einen Zeitstempel hinzu, der in den Zeilen 23 und 24 der *context*-Variablen hinzugefügt wird. Die Ausgabe im *debug*-Fenster stellt sich dann folgendermaßen dar:

```
29.6.2017, 07:51:47   2ab70302:6d637c

Test Data : msg.payload : Object

{ "Data1": 1, "Data2": 7, "Data3": 9, "Time":
"Thu Jun 29 2017 05:51:50 GMT+0000
(UTC)" }
```

Wir haben es also immer mit *Schlüssel/Werte*-Paaren zu tun, die in unserem Fall wie folgt aussehen:

```
"Data1": 1,
"Data2": 7,
"Data3": 9,
"Time": "Thu Jun 29 2017 06:37:55 GMT+0000 (UTC)"
```

Nun müssen wir lediglich die Messwerte anzeigen. Wie aber schaffen wir es, dass jeder der drei Messwerte an das richtige Anzeigeinstrument geschickt wird? Dazu nutzen wir die *function*-Node in einem besonderen Modus, der es uns ermöglicht, mehrere Ausgänge mit Daten zu versorgen. Schau dir den folgenden Flow an:

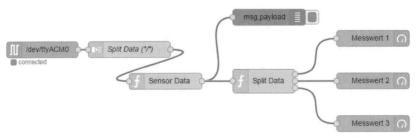

Abbildung 48: Der endgültige Flow zur Anzeige des seriellen Datenstroms mit gauge-Nodes

Die nachgelagerte *function*-Node besitzt nun drei Ausgänge, die zu den jeweiligen *gauge*-Nodes weisen. Der Inhalt der neuen *function*-Node ist nicht weiter schwierig:

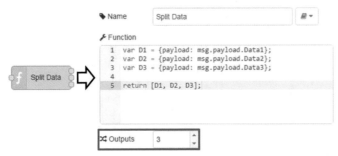

Abbildung 49: Die function-Node-Konfiguration

Wir haben drei Variablen (D1, D2 und D3) definiert, die mit den *payload*-Informationen der Messwerte initialisiert werden. Am Ende in Zeile 5 wird jetzt jedoch nicht nur ein einziger Wert zurückgegeben und an eine folgende Node weitergeleitet, sondern über die eckigen Klammern, und somit als Array definiert, gleich drei Werte auf einmal. Damit dieses Array jedoch drei unterschiedliche Ausgänge mit Daten versorgen kann, musst du die *Outputs* im unteren Bereich der Konfiguration, hier rot markiert, entsprechend auf den Wert 3 hochsetzen. Die Node, die ein wenig darüber abgebildet ist, erhält drei graue Kästchen, an denen du die *gauge*-Nodes anfügen kannst. Die Anzeige im Dashboard sieht dann - wenn auch noch recht statisch - wie folgt aus:

Abbildung 50: Die Anzeige der Pseudo-Messwerte (1, 7 und 9)

Nun verfügst du über so viel Grundwissen, dass wir uns dem eigentlichen Thema DHT11 zuwenden können. Bei der Abfrage des DHT11 werden zwei statt drei Werte (wie dies im Test-Beispiel der Fall war) zurückgeliefert, so dass du den Code ein wenig anpassen musst. Es werden die Luftfeuchtigkeit (Humidity) und die Temperatur vom Sensor ermittelt. Damit der Arduino den Sensor abfragen kann, ist eine besondere Bibliothek erforderlich, die du aus dem Internet herunterladen kannst. Es sind abweichende Versionen von verschiedenen Anbietern verfügbar. Ich habe mich für die folgende Version entschieden:

https://arduino-info.wikispaces.com/DHT11-Humidity-TempSensor

Dort klickst du auf die *Download*-Schaltfläche und bindest die Bibliothek in die Arduino-Entwicklungsumgebung ein. Die Datei lautet *DHT-lib.zip*. Fangen wir diesmal von vorne an und programmieren den Sketch-Code für den Arduino:

```
#include <dht.h>
dht DHT;
#define DHT11_PIN 5 // DHT11-Pin

void setup() {
  Serial.begin(9600);
}

void loop() {
  int chk = DHT.read11(DHT11_PIN);
  switch(chk) {
    case DHTLIB_OK:
```

```
      Serial.print(DHT.humidity, 1);
       Serial.print("/");
       Serial.println(DHT.temperature, 1);
    break;
     default:
      Serial.println("0/0");
     break;
    }
   delay(1000);
  }
```

Zur Abfrage des Sensors werden die beiden folgenden Methoden verwendet:

- DHT.humidity
- DHT.temperature

Die Informationen werden nach dem folgenden Schema in Richtung serielle Schnittstelle abgesetzt, wobei ich dazu den *Serial-Monitor* geöffnet habe, um die Daten anzuzeigen:

Abbildung 51: Die Messwerte im Serial-Monitor der Arduino-Entwicklungsumgebung

Der erste Wert steht für die Feuchtigkeit, der zweite für die Temperatur. Ich habe mit meinem heißen Atem den Sensor ein wenig traktiert und du siehst, wie beide Werte steigen. Schauen wir uns jetzt einmal den Schaltplan an, denn du musst ja wissen, wie du den Sensor mit deinem Arduino-Uno verbindest:

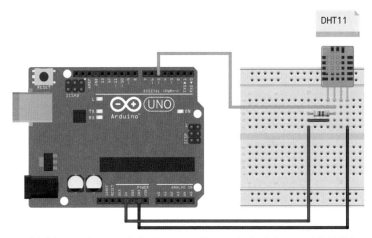

Abbildung 52: Der Schaltungsaufbau mit Arduino und DHT11

Kommen wir nun zum leicht modifizierten Flow. Zuerst schauen wir uns die *Sensor Data*-Node an:

```
1   context.data = context.data || {};
2
3 ▾ switch(msg.parts.index) {
4       case 0:
5           context.data.Humidity = parseFloat(msg.payload);
6           msg = null;
7           break;
8       case 1:
9           context.data.Temperatur = parseFloat(msg.payload);
10          msg = null;
11          break;
12 ▴ }
13
14  isValid = context.data.Humidity &&
15              context.data.Temperatur ;
16
17 ▾ if(isValid) {
18      var time = Date();
19      context.data.Time = time.toString();
20      newMsg = { payload: context.data, topic: 'DHT11 Data' };
21      context.data = null;
22      return newMsg;
23 ▴ }
24  else
25      return msg;
```

Abbildung 53: Die modifizierte Sensor Data-Node

Hier habe ich den beiden Context-Variablen sprechende Namen (Humidity und Temperatur) gegeben. Kommen wir zur nachfolgenden *Split Data*-Node:

```
1   var H = {payload: msg.payload.Humidity};
2   var T = {payload: msg.payload.Temperatur};
3
4   return [H, T];
```

Abbildung 54: Die modifizierte Split Data-Node

Anschließend werden die beiden *gauge*-Nodes noch ein wenig angepasst:

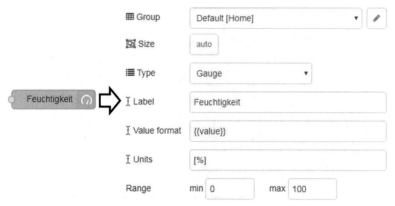

Abbildung 55: Die modifizierte gauge-Node für die Feuchtigkeit

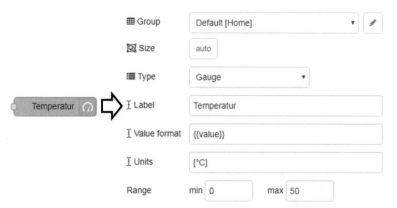

Abbildung 56: Die modifizierte gauge-Node für die Temperatur

Als Ergebnis siehst du auf dem Dashboard die folgende Anzeige der beiden Messwerte:

Abbildung 57: Die Anzeige von Feuchtigkeit und Temperatur

Ganz zu Beginn dieses Hacks hast du schon die *chart*-Node kennengelernt. Warum kombinieren wir nun nicht einfach diese Node mit der *gauge*-Node bei der letzten Anzeige? Auf diese Weise werden dir nicht nur die aktuellen Messwerte angezeigt, sondern du siehst auch den zeitlichen Verlauf. Schau dir die folgende Grafik der Messwerte an:

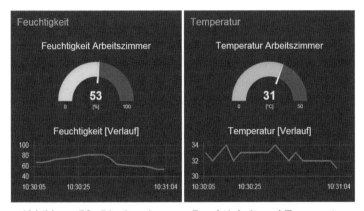

Abbildung 58: Die Anzeige von Feuchtigkeit und Temperatur
zusätzlich noch im zeitlichen Verlauf

Im oberen Teil kannst du die aktuellen Messwerte über die Zeigerinstrumente ablesen und im unteren Teil in den Graphen den zeitlichen Verlauf. Du musst lediglich dem Flow die *chart*-Nodes hinzufügen und entsprechend konfigurieren:

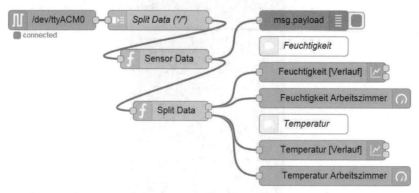

Abbildung 59: Der Flow zur Anzeige von Feuchtigkeit und Temperatur im zeitlichen Verlauf

Schauen wir uns die Konfiguration der *chart*-Node für die Feuchtigkeit an, wobei sie in gleicher Weise konfiguriert wird, wie die für die Temperatur, sich dabei nur in einer anderen Gruppe befindet:

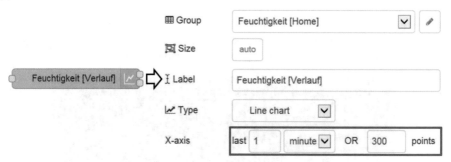

Abbildung 60: Die Konfiguration der chart-Node

Im rot markierten Bereich kannst du den Zeitrahmen für die Anzeige definieren, wobei ich mir in diesem Fall immer die letzte Minute bzw. 300 Punkte anzeigen lasse. Die Konfiguration kann hier sehr individuell erfolgen. Klicke mit der Maus, an der Stelle, an der hier die Auswahl *minute* getroffen wurde, auf das nach unten weisende Dreieck. Es öffnet sich eine Liste mit weiteren Zeitintervallen:

Du kannst Sekunden, Minuten, Stunden, Tage und Wochen auswählen, was eine sehr flexible Zeitgestaltung ermöglicht. Abschließend noch ein paar nützliche Informationen zum verwendeten Sensor. Der genannte DHT-Sensors ist in unterschiedlichsten Versionen verfügbar. Es gibt z.B. noch den DHT22, der ähnlich abgefragt werden kann. Weitere Informationen dazu sind im Internet zu finden. In der folgenden Tabelle habe ich die Unterschiede bzw. Spezifikationen zusammengefasst:

Spezifikationen	DHT11	DHT22
Messgenauigkeit Temperatur	+/- 2 °C	+/- 0,5 °C
Messgenauigkeit Feuchtigkeit	5%	2%
Abtastrate	1 Messung/s	0,5 Messungen/s
Stromaufnahme	2,5mA	1,5mA

In diesem Hack hast du abermals gesehen, wie unterschiedliche Geräte über eine Schnitt-stelle miteinander in Verbindung treten und Informationen austauschen. Das bringt uns zu einem sehr interessanten Aspekt, der im folgenden Hack thematisiert wird. Gerade, wenn es darum geht, mehr oder weniger intelligente Geräte bzw. Embeded-Systeme (in einen technischen Kontext eingebettete Computer) miteinander zu vernetzen, um einen Datenaustausch einzurichten, ist es von entscheidender Bedeutung, leistungsfähige und robuste Übertragungsprotokolle zu verwenden. Das entsprechende Stichwort lautet *MQTT* und steht für *Message Queue Telemetry Transport*. Doch mehr dazu im folgenden Hack. Es wird sehr spannend!

Was hast du gelernt

In diesem Hack hast du das Arduino-Board kennengelernt. Über das Firmata-Protokoll hast du Daten vom Arduino-Board an Node-RED gesendet und dort angezeigt. Um die Kommu-nikation zwischen beiden Systemen zu ermöglichen, war es notwendig, die Arduino-Palette in Node-RED zu installieren. Du hast ein Potentiometer und einen Temperatursensor mit ei-nem analogen Eingang des Arduino-Uno verbunden und die Messwerte über Anzeigeinstru-mente des Dashboards visualisiert. Im weiteren Verlauf des Hacks hast du erfahren, wie du mehrere Messwerte über die serielle Schnittstelle abfragen kannst, ohne das vorgefertigte Firmata-Protokoll in Anspruch nehmen zu müssen. Wir haben den Umweltsensor DHT11 verwendet, um hiermit die Luftfeuchtigkeit und die Temperatur zu ermitteln, und am Ende noch eine zeitliche Darstellung über *chart*-Nodes realisiert.

Hack 6 • MQTT

Wie schon im letzten Hack angekündigt wurde, wollen wir uns nun mit dem sehr spannenden Thema *MQTT* befassen. Bevor es jedoch losgehen kann, müssen einige Dinge erläutert werden, denn der Aufbau bzw. die Architektur dieses Systems muss zuerst von dir verstanden werden. Bis vor ca. einem Jahr hatte ich noch nie etwas von MQTT gehört, und wenn es dir ähnlich geht, befindest du dich in bester Gesellschaft. MQTT steht für *Message Queue Telemetry Transport*. Es handelt sich um ein Nachrichtenprotokoll (Publishing & Subscribe), das für die Maschine-zu-Maschine (M2M)-Kommunikation geschaffen wurde. Wenn es darum geht, Informationen in Netzwerken mit geringer Bandbreite und hohen Latenzen (Reaktionszeiten) zur Steuerung z. B. von Aktoren zu versenden oder über Sensoren Daten abzurufen, ist dieses Nachrichtenprotokoll eine Überlegung wert. Es wurde 1999 von der Firma IBM für die Satellitenkommunikation entwickelt und ist seit 2013 auch als Protokoll für das Internet der Dinge - kurz *IoT* genannt - standardisiert. Zur Übertragung in einem Netzwerk sind die Ports 1883 und 8883 standardmäßig reserviert. Die offizielle Internetseite ist unter der folgenden Adresse zu finden:

    http://mqtt.org

Bei Client/Server-Architekturen, die heutzutage natürlich essentieller Bestandteil fast aller Netzwerke sind, werden Daten zwischen beiden Instanzen ausgetauscht.

Namenskonventionen in MQTT

Bei MQTT läuft das Ganze in ähnlicher Weise ab, wobei die Namensgebung jedoch eine andere ist. Das stellt für uns kein Problem dar, denn im Endeffekt läuft es auf dasselbe hinaus. Es gibt einen Sender, der die Bezeichnung *Publisher* aufweist, und einen Empfänger mit dem Namen *Subscriber*. Zwischen diesen beiden Instanzen kommt ein Server zum Einsatz, der als Vermittler arbeitet und *Broker* genannt wird. In der folgenden Abbildung habe ich diese Zusammenhänge ein wenig plakativer zusammengefasst:

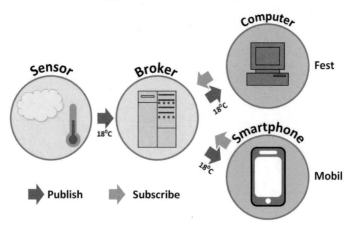

Abbildung 1: Die grundlegende MQTT-Architektur

Der hier abgebildete Temperatursensor sendet bzw. publiziert seinen Messwert an den Broker, der diesen entgegennimmt und speichert. Der Broker sendet diesen Messwert wiederum an andere Geräte, die auch Knoten genannt werden, wie z.B. an einen fest installierten Computer oder an ein mobiles Endgerät in Form eines Smartphones, die mit den empfangenen Informationen arbeiten und sie auswerten. Diese Endgeräte haben die Daten subskribiert.

MQTT-Nachrichtenstruktur

Um in die gesamte Kommunikation eine gewisse Ordnung zu bekommen, erfolgt der Nachrichtenaustausch über sogenannte *Topics* in Form einer Zeichenkette, wobei die hier verwendete Struktur an eine URL zum Aufruf einer Internetadresse in einem Webbrowser erinnert. Ein Topic wird dafür verwendet, die unterschiedlichen Nachrichten auf dem MQTT-Broker zu filtern. Es kann wie folgt strukturiert sein:

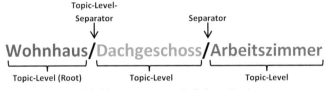

Abbildung 2: Ein mögliches Topic

Nachfolgend noch ein paar realistische Beispiele für Topics für einige Sensoren in einem Haus:

- Wohnhaus/Keller/Heizungsraum/Temperatur
- Wohnhaus/Erdgeschoss/Wohnzimmer/Licht
- Wohnhaus/Erdgeschoss/Kueche/Kuehlschrank/Temperatur
- Wohnhaus/Dachgeschoss/Dachlukenschalter
- Garage/Licht

Jedes der verwendeten Topic-Level muss mindestens aus einem Zeichen bestehen, wobei auch Leerzeichen enthalten sein dürfen. Ebenso wird zwischen Groß- und Kleinschreibung unterschieden.

MQTT-Wildcards

Damit mehrere Sensoren gleichzeitig abgefragt werden können, ist die Verwendung von Wildcards möglich. Es wird dabei zwischen Single- und Multi-Wildcard unterschieden:

Single-Level-Wildcard (+):

Wie der Name vermuten lässt, bezieht sich dieses Wildcard in Form eines Pluszeichens (+) nur auf einen einzigen Level.

Single-Level
Wildcard
↓

Wohnhaus/Dachgeschoss/+/Temperatur

Abbildung 3: Ein Single-Level-Wildcard

Nachfolgend ein paar Beispiele dazu, welche Auswirkungen das oben eingesetzte Single-Level-Wildcard hat:

Wohnhaus/Dachgeschoss/Arbeitszimmer/Temperatur ✓

Wohnhaus/Dachgeschoss/Kinderzimmer/Temperatur ✓

Wohnhaus/Dachgeschoss/Arbeitszimmer/Licht ✗

Wohnhaus/Erdgeschoss/Arbeitszimmer/Temperatur ✗

Abbildung 4: Ein Single-Level-Wildcard und seine Ergebnisse

Multi-Level-Wildcard (#):
Das folgende Wildcard in Form eines Doppelkreuzes (#) stellt ein Multi-Level-Wildcard dar und filtert mehrere Level heraus. Es steht immer am Ende eines Topics:

Multi-Level
Wildcard
↓

Wohnhaus/Dachgeschoss/#

Abbildung 5: Ein Multi-Level-Wildcard

Nachfolgend ein paar Beispiele dazu, welche Auswirkungen das oben eingesetzte Multi-Level-Wildcard hat:

Wohnhaus/Dachgeschoss/Arbeitszimmer/Temperatur ✓

Wohnhaus/Dachgeschoss/Kinderzimmer/Temperatur ✓

Wohnhaus/Dachgeschoss/Arbeitszimmer/Licht ✓

Wohnhaus/Erdgeschoss/Arbeitszimmer/Temperatur ✗

Abbildung 6: Ein Multi-Level-Wildcard und seine Ergebnisse

Bei einer intelligenten Filterung und natürlich zuvor sinnvoll erstellen Strukturen kannst du auf sehr einfache Weise bestimmte Knoten abfragen bzw. subskriben.

MQTT-Installation
Kommen wir nun zu konkreten Beispielen auf dem Raspberry Pi. Gebe zur Installation der Software die folgenden Befehle in einem Terminal-Fenster ein:

```
# sudo apt-get update
# sudo apt-get install mosquitto mosquitto-clients
```

Nach der Installation kannst du sofort mit einem ersten Test auf deinem Raspberry Pi beginnen und darüber sicherstellen, das MQTT einwandfrei funktioniert. MQTT ist sofort startklar. Zuerst machen wir über eine Subscribtion MQTT scharf, damit auf ein bestimmtes Topic gelauscht wird. Über den Befehl *mosquitto_sub* wird über den Schalter *-t* das gewünschte Topic definiert:

Der abgesetzte Befehl wird lediglich mit einem Cursor ohne Prompt in der nächsten Zeile quittiert. Nun musst du ein zweites Terminal-Fenster öffnen, um darüber eine Nachricht zu publizieren, was mittels des Befehls *mosquitto_pub* und des Schalters *-m* erfolgt:

Nach der Bestätigung des Befehls über die *Return*-Taste wird im ersten Terminal-Fenster die gerade eingegebene Nachricht angezeigt und du hast auf diese Weise erfolgreich den MQTT-Broker getestet. Im nächsten Schritt möchtest du sicherlich sehen, ob denn auch Node-RED mit dem MQTT-Broker kommunizieren kann und ob eine gesendete Nachricht auch empfangen wird. Node-RED bietet von Hause aus schon eine MQTT-Node an, die in der *Output*-Palette zu finden ist:

Nun ist es sehr einfach, über eine *inject*-Node eine Nachricht an den MQTT-Broker zu senden. Dazu verwenden wir den folgenden Flow .:

Abbildung 7: Der MQTT-Flow

An dem kleinen grünen Kästchen kannst du erkennen, dass die Verbindung vom *mqtt*-Node-Knoten zum MQTT-Broker erfolgreich etabliert wurde:

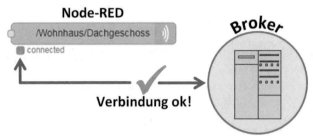

Abbildung 8: Der mqtt-Node-Knoten hat Verbindung zum MQTT-Broker.

Wenn du die *inject*-Node anklickst, wird die Nachricht *"Hier spricht Node-RED"* versendet. Die Konfiguration der MQTT-Node ist denkbar einfach und sieht wie folgt aus:

Abbildung 9: Die mqtt-Node-Konfiguration

Da der MQTT-Broker und auch Node-RED auf dem Raspberry Pi laufen, kannst du hier anstelle der IP-Adresse des Raspberry Pi *localhost* einsetzen. Vergiss nicht, den Port 1883 hinzuzufügen. Wenn der MQTT-Broker jedoch von außen angesprochen werden soll, ist eine eindeutige IP-Adresse unumgänglich. Wir werden noch darauf zu sprechen kommen. Das hier eingesetzte Topic muss natürlich mit dem Topic übereinstimmen, das wir eben bei der Subscribtion verwendet haben. Das war es auch schon. Nach dem Deploy des Flows und einem Klick auf die *inject*-Node wird die Nachricht versendet. Wir schauen mal, welche Reaktion unser Terminal-Fenster zeigt:

Abbildung 10: Die Nachricht von Node-RED wird vom MQTT-Broker bestätigt

Das ist genau die Nachricht, die wir versenden wollten. Auf diese Weise kannst du verschiedene Nachrichten mit unterschiedlichen Topics publizieren, und bei entsprechender Subscribtion erscheinen diese dann in den jeweiligen Terminal-Fenstern. Führe doch einmal den folgenden Test mit drei verschiedenen Nachrichten/Topics durch:

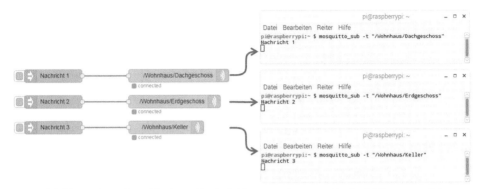

Abbildung 11: Verschiedene Nachrichten werden von Node-RED versendet.

Ein rudimentärer Test

Im Hack über die Ansteuerung einer LED mithilfe des Raspberry Pi hast du schon gesehen, wie einfach das ist. Nun wollen wir eine LED aber nicht direkt über eine *inject-* und eine *gpio*-Node realisieren, sondern mittels zwischengeschaltetem MQTT. Das ist zwar auf den ersten Blick etwas umständlich, doch es geht ja in diesem recht einfachen Test darum, den MQTT-Broker als Übertragungsinstanz zwischen *inject*-Node und LED-Ansteuerung einzufügen. Schau dir die folgende Grafik an:

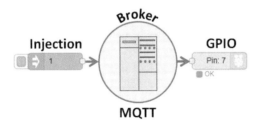

Abbildung 12: Der MQTT-Broker steuert die LED am Raspberry Pi

Die Umsetzung eines entsprechenden Flows ist recht einfach und sieht folgendermaßen aus. Zusätzlich zu der schon verwendeten MQTT *output*-Node verwenden wir jetzt noch die MQTT *input*-Node, die in der *Input*-Palette beheimatet ist:

Diese Node leitet empfangene Nachrichten weiter:

Abbildung 13: Die Steuerung eines GPIO-Pins am Raspberry Pi über MQTT

Natürlich siehst du je nach Injection die Reaktion der am Pin 7 angeschlossenen LED, doch es ist natürlich zusätzlich möglich, in einem Terminal-Fenster die Nachrichten anzuzeigen:

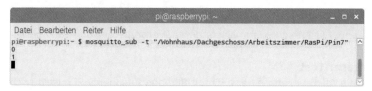

Abbildung 14: Die Nachrichten von Node-RED zur Steuerung der LED

Die Konfiguration der *gpio*-Node erfolgt auf dieselbe Weise wie schon beim Hack zum Blinken der LED und ist nicht weiter schwierig.

Das ESP8266-Modul

Ich möchte dir jetzt ein sehr interessantes und leistungsstarkes Modul vorstellen, das von der Firma *Espressif* aus Shanghai entwickelt wurde - das *ESP8266-Modul*. Dabei handelt es sich um, und ich möchte keineswegs übertrieben enthusiastisch erscheinen, ein kleines, geniales und dazu noch sehr kostengünstiges Bauteil, das seinesgleichen sucht. Zu Beginn der Entwicklung war es die Absicht des Herstellers, das Modul als Erweiterungsbaustein auf den Markt zu bringen, um z. B. dem Arduino oder Raspberry Pi (bis Version 2) in Bezug auf Wifi - also Funkübertragung - etwas unter die Arme zu greifen, da die Boards standardmäßig nicht über eine derartige Funktion verfügen. Doch es stellte sich sehr schnell heraus, dass das ESP8266-Modul über eigene Fähigkeiten hinsichtlich Rechenleistung und Speicher verfügt und quasi als *Standalone Gadget* zu arbeiten in der Lage ist, wobei es dem Begriff Gadget als Spielzeug mehr als gerecht wird. Die ESP8266-Module gibt es in den unterschiedlichsten Ausführungen, angefangen beim *ESP-01* mit sehr wenigen Anschlusspins bis hin zu den sogenannten *NodeMCU*-Boards, den Entwicklerboards, die über eine recht große Anzahl von I/O-Pins verfügen. Ein derartiges Board möchte ich dir nun vorstellen:

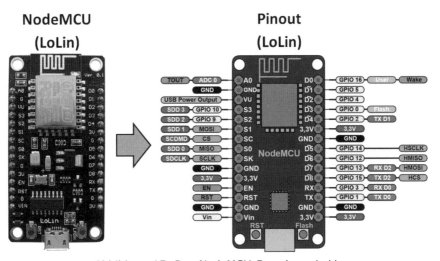

Abbildung 15: Das NodeMCU-Board von LoLin

Auf der linken Seite der Abbildung siehst du das NodeMCU-Board von LoLin und auf der rechten Seite das Pinout, das die Pinbelegung der einzelnen Anschlüsse darstellt. Da es mittlerweile auf dem Markt eine schier unglaubliche Anzahl von Entwicklerboards gibt und fast alle unterschiedliche Anschlussbelegungen aufweisen, ist es ist wichtig, darauf zu achten, wo sich welcher Pin mit welcher Funktion befindet. Du musst also vor der Nutzung die vom Hersteller bereitgestellten Pinouts studieren. Du erkennst in der Abbildung, dass ein derartiges Board mit einer Vielzahl von Pins versehen ist und für die unterschiedlichsten Funktionen genutzt werden kann. Du kannst dir zum Testen der unterschiedlichsten Schaltungen wieder ein Simple-Board aufbauen, wie ich das auch schon beim Hack zur blinkenden LED mit dem Raspberry Pi gezeigt habe. Das hat wieder den entscheidenden Vorteil der sehr einfachen und fast narrensicheren Verkabelung:

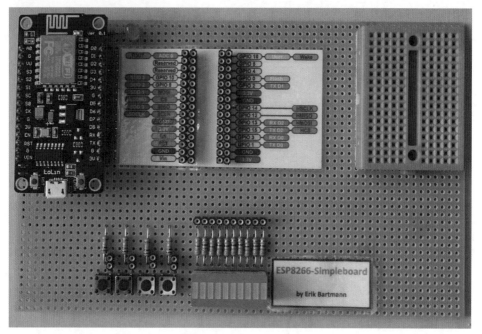

Abbildung 16: Das Simple-Board für das NodeMCU-Board von LoLin

Du kannst auch hier wieder über eine Schablone sehr gut erkennen, welche Bezeichnungen, die einzelnen Pins besitzen, und recht einfach Schaltungen auf dem kleinen Breadboard aufbauen. Zudem gibt es wieder eine Anzahl von Tastern und LEDs. Doch kommen wir jetzt zur Programmierung eines solchen Boards. Es gibt dazu viele unterschiedliche Ansätze mit verschiedenen Programmiersprachen. Über die verschiedensten Entwicklungsumgebungen kann ein ESP8266-Modul in den Programmiersprachen *Micro-Python*, *Lua* oder auch in *C++* programmiert werden. Es gibt auch eine spezielle Firmware, die es dir ermöglicht, *AT*-Befehle abzusetzen. Doch wir wollen uns in diesem Hack auf C++ konzentrieren. Da du die Arduino-Entwicklungsumgebung auf dem Raspberry Pi bereits kennengelernt hast, bist du schon ein wenig mit der betreffenden Herangehensweise vertraut. Um das NodeMCU-Board jedoch mit einer Arduino-Entwicklungsumgebung zu programmieren, musst du eine aktuellere Version nutzen, denn die standardmäßig auf dem Raspberry Pi zur Verfügung gestellte ist ein wenig veraltet. Zur Installation der Arduino-IDE besuche die Arduino-Internetseite unter der folgenden Adresse:

https://www.arduino.cc/en/Main/Software

Standardmäßig unterstützt diese Entwicklungsumgebung keine anderen Boards, z.B. die eigenen Arduino-Boards, aber es ist möglich, über Erweiterungen andere Module einzubinden. Das wollen wir jetzt einmal tun.

Die Arduino-IDE
Führe nach der Installation der Arduino-Entwicklungsumgebung die folgenden Schritte durch, die im Detail auch unter der folgenden Internetadresse beschrieben sind:

https://github.com/esp8266/arduino#installing-with-boards-manager

Es handelt sich dabei um die Entwicklerseite zur Unterstützung des ESP8266 in der Arduino-IDE, von deren Art denen es viele weitere gibt. Doch konzentrieren wir uns nun auf die Schritte zur Einbindung der ESP822-Erweiterung:

Schritt 1 (Die Anpassung der Konfigurationseinstellungen):
Öffne über den Menüpunkt *Datei|Voreinstellungen* die Einstellungen zur Konfiguration der Arduino-Entwicklungsumgebung:

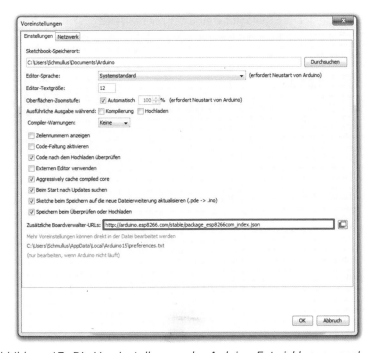

Abbildung 17: Die Voreinstellungen der Arduino-Entwicklungsumgebung

Trage nun im markierten Textfeld die folgenden URL ein:

http://arduino.esp8266.com/stable/package_esp8266com_index.json

Bestätige die Anpassung mit einem Klick auf die *OK*-Schaltfläche.

Schritt 2 (Die Installation der ESP8266-Erweiterung):
Öffne über *Werkzeuge|Board|Boardverwalter* die Verwaltung der Boarderweiterung für die Entwicklungsumgebung.

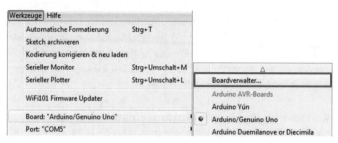

Abbildung 18: Der Arduino-Boardverwalter

Trage dann im nachfolgenden Dialogfenster in der oberen Textzeile den Suchbegriff *esp8266* ein. Dadurch wird eine Filterung der zur Verfügung stehenden Boarderweiterungen bewirkt

Abbildung 19: Die Installation der ESP8266-Erweiterung

Abschließend klickst du auf die *Installieren*-Schaltfläche, wodurch die Installation der Erweiterung in Gang gesetzt wird. Nach Abschluss des Vorgangs stehen dir verschiedenen ESP8266-Boards zur Verfügung.

Schritt 3 (Die Auswahl des ESP8266-Boards):
Öffne über *Werkzeuge|Boards* die Anzeige der zur Verfügung stehenden Boards:

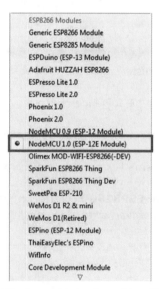

Abbildung 20: Die Auswahl des korrekten ESP8266-Boards

Wie du siehst, wurde die Liste mit zahlreichen ESP8266-Boards angereichert, und ich habe das für uns richtige NodeMCU-Board schon ausgewählt.

Schritt 4 (Die Installation des NodeMCU-Treibers):
Da das NodeMCU-Board natürlich über USB mit dem Rechner verbunden wird, muss ein entsprechender Treiber installiert werden. Das LoLin-Board verfügt über einen *CH340*-Baustein bzw. -Chipsatz:

Ein passender Treiber ist unter den folgenden Internetadressen zu finden:

http://www.wch.cn/download/CH341SER_ZIP.html

https://paradisetronic.com/de/treiber

Im Anschluss kannst du einen ersten Test wagen, indem du eine über einen Vorwiderstand angeschlossene LED mit einem GPIO-Pin verbindest.

Schritt 5 (Ein erster Test):
In der folgenden Abbildung siehst du die Verkabelung zur Ansteuerung der LED:

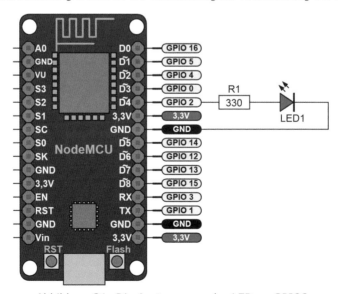

Abbildung 21: Die Ansteuerung der LED an GPIO2

Schauen wir uns jetzt die Programmierung in der Arduino-IDE an:

```
void setup() {
  pinMode(2, OUTPUT); // GPIO2 Pin als Ausgang programmieren
}

void loop() {
  digitalWrite(2, HIGH);   // LED an
  delay(1000);             // Eine Sekunde Pause
  digitalWrite(2, LOW);    // LED aus
  delay(1000);             // Eine Sekunde Pause
}
```

Hier noch ein kleiner Hinweis über die Parameter des ausgewählten NodeMCU-Boards. Die folgenden Einstellungen sind standardmäßig vordefiniert und müssen von dir nicht angepasst werden:

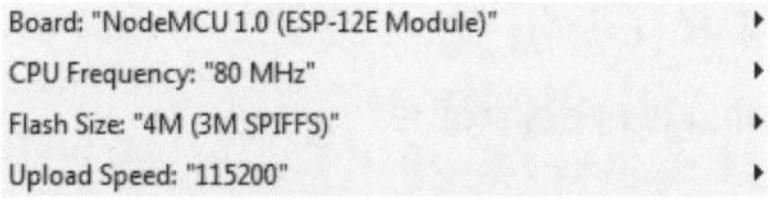

Abbildung 22: Die Parameter des ausgewählten NodeMCU-Boards

Wenn du den Sketch-Code eingegeben hast, kannst du ihn über die *Upload*-Schaltfläche nach der Auswahl des richtigen COM-Ports auf das NodeMCU-Board laden. Während des Vorgangs siehst du kleine Punkte, die den Fortschritt des Upload-Vorgangs anzeigen:

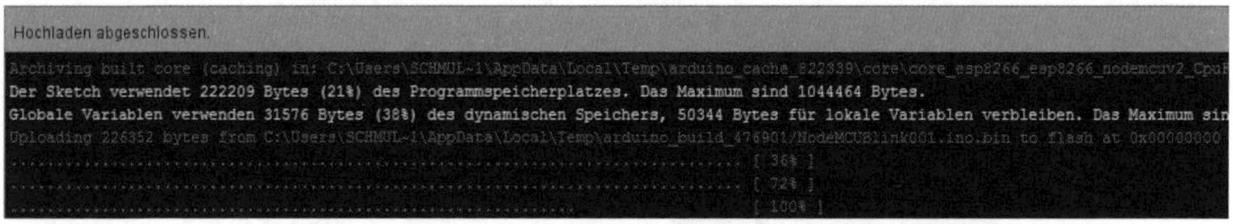

Abbildung 23: Der Upload der NodeMCU-Firmware

Im Anschluss sollte die LED blinken. Mithilfe des Simple-Boards ist das Ganze sehr schnell realisiert:

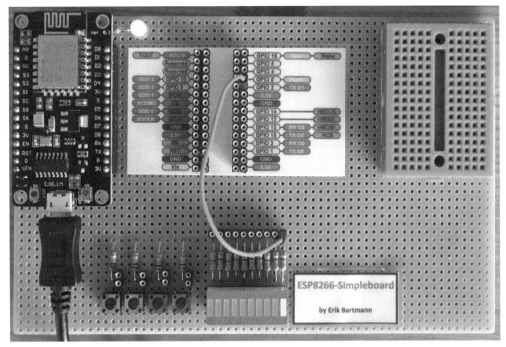

Abbildung 24: Der Schaltungsaufbau auf dem Simple-Board

Nun möchtest du sicherlich über das Blinken einer LED hinauskommen und außerdem ist das Thema dieses Hacks ja MQTT. Das führt uns zum nächsten logischen Punkt. Wie kann das NodeMCU-Board mit MQTT kommunizieren?

NodeMCU "spricht" mit MQTT

Damit dein NodeMCU-Board mit MQTT kommunizieren kann, ist ein entsprechender Client erforderlich. Er nennt sich *PubSubClient*. Die entsprechende Library kann unter der folgenden Internetadresse heruntergeladen werden:

https://github.com/knolleary/pubsubclient/archive/master.zip

Führe nach dem Download die folgenden Schritte durch:

Schritt 1:
Entpacke die Datei *pubsubclient-master.zip*.

Schritt 2:
Benenne den Ordner in *pubsubclient* um.

Schritt 3:
Kopiere diesen Ordner in das *libraries*-Verzeichnis der Arduino-Installation.

Schritt 4:
Starte die ggf. noch geöffnete Arduino-IDE neu.

Nach erfolgreicher Installation dieser Library solltest du nach der Auswahl von *Datei|Bei-spiele|PubSubClient* die vorhandenen Beispiele sehen:\

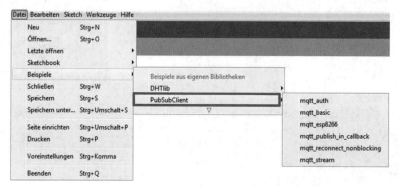

Abbildung 25: Die Beispiele der PubCubClient-Library

Du kannst das Ganze natürlich anstelle mit dem NodeMCU-Board auch mit deinem Ardui-no-Uno umsetzen. Doch standardmäßig verfügt dieser ja bekanntlich über keinerlei Wi-fi-Funktionalität. Das ESP8266-Modul bringt diese von Hause aus mit.

Für einen schnellen Einstieg bzw. Funktionstest laden wir den Beispiel-Sketch *"mqtt_ esp8266"*. Diesen kannst du sehr einfach an deine Gegebenheiten anpassen, und du wirst sehen, wie schnell eine Nachricht vom Node-MCU-Board per Wifi an MQTT versendet wer-den kann. Die folgenden Code-Zeilen musst du entsprechend deiner Router-Konfigurati-on bzw. Raspberry Pi-Konfiguration anpassen. Meine Wifi-Parameter des Routers bzw. die IP-Adresse des Raspberry Pi lauten folgendermaßen:

- SSID: *EriksWifi*
- Passwort: *SehrGeheim*
- Raspberry Pi IP-Adresse: *192.168.178.52*

Darum sieht meine Initialisierung der Variablen, die du natürlich bei dir entsprechend an-passen musst, wie folgt aus:

```
#include <ESP8266WiFi.h>
#include <PubSubClient.h>

// Update these with values suitable for your network.
const char* ssid = "EriksWifi";
const char* password = "SehrGeheim";
const char* mqtt_server = "192.168.178.52";
```

Der Code weist schon ein vordefiniertes Topic auf, der *outTopic* lautet. Dorthin wird alle zwei

Sekunden eine Nachricht gesendet. Für diesen Funktionstest kannst du das erst einmal so belassen. Öffne nach dem Hochladen der Firmware doch einmal den Serial-Monitor, denn dort kannst du sehen, ob sich das NodeMCU-Board auch erfolgreich an deinem Router identifizieren konnte. Stelle aber sicher, dass die Übertragungsrate auf 115200 Baud eingestellt ist:

Abbildung 26: Die Nachricht des NodeMCU-Boards im Serial-Monitor

Das sieht doch gut aus und ich habe auf Anhieb eine Verbindung zum Router herstellen können. Die angezeigte IP-Adresse ist jetzt nicht die des MQTT-Servers, sondern die vom Router über DHCP vergebene IP. Auf der Seite von Raspberry Pi subskribieren wir natürlich das genannte Topic *outTopic* mit dem folgenden Befehl:

Abbildung 27: Die Nachricht des NodeMCU-Boards kommt auf dem Raspberry Pi an.

Und du siehst: Auch hier treffen die Nachrichten des NodeMCU-Boards ein. In der folgenden Grafik habe ich die einzelnen Instanzen der Übertragung dargestellt:

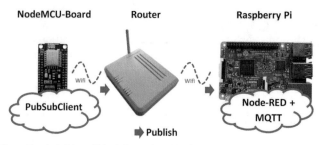

Abbildung 28: Der Nachrichten-Workflow des NodeMCU-Boards in Richtung Raspberry Pi

Natürlich kannst du auch deinen Raspberry Pi per LAN-Kabel an den Router anbinden. Doch über Wifi bist du ein wenig flexibler, wenn auch hinsichtlich der Entfernungen etwas eingeschränkter. Das Ganze Sache funktioniert natürlich auch in entgegengesetzter Richtung, denn auf dem NodeMCU-Board ist ein PubSubClient installiert, und wie der Name vermuten lässt, kann dieser nicht nur *Publishen*, sondern auch *Subcriben*. Über die eben hochgeladene Firmware wurde neben dem *outTopic* auch ein *inTopic* definiert. Hierüber kannst du Nachrichten vom Raspberry Pi auf dem NodeMCU-Board empfangen. Öffne dazu wieder den Serial-Monitor der Arduino-IDE und setze anschließend den folgenden Befehl in einem Terminal-Fenster deines Raspberry Pi ab:

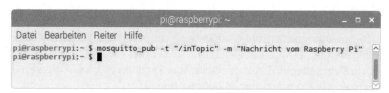

Abbildung 29: Die Nachricht an das NodeMCU-Board vom Raspberry Pi aus

Der Serial-Monitor zeigt parallel zu den publizierten Nachrichten die empfangene Nachricht des Raspberry Pi an:

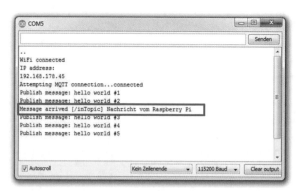

Abbildung 30: Die Nachricht an das NodeMCU-Board im Serial-Monitor der Arduino-IDE

Du siehst, dass die Nachricht entgegengenommen wurde. Damit du auch verstehst, wie das Ganze funktioniert, möchte ich mit dir einen genaueren Blick auf den Code werfen. Lade dir den Code in die Arduino-IDE, denn nicht alle Zeilen kann ich im Detail erläutern.

Über die folgenden Zeilen

```
WiFiClient espClient;
PubSubClient client(espClient);
long lastMsg = 0;
char msg[50];
int value = 0;
```

werden sowohl ein *Wifi-Client* als auch ein *PubSubClient* definiert. Der erste steht für die drahtlose Kommunikation via Wifi, der zweite für die MQTT-Kommunikation. Innerhalb der *setup*-Funktion wird die serielle Schnittstelle konfiguriert, die Wifi-Verbindung initialisiert, der MQTT-Client initialisiert und die *Callback*-Funktion festgelegt, die immer dann aufgerufen wird, wenn MQTT etwas zu vermelden hat:

```
void setup() {
  pinMode(BUILTIN_LED, OUTPUT);
  Serial.begin(115200); // Konfiguration der seriellen Schnittstelle
  setup_wifi();         // Initialisierung der Wifi-Verbindung
  client.setServer(mqtt_server, 1883); // Initialisierung MQTT-Server
  client.setCallback(callback); // Definition der Callback-Funktion
}
```

Die *setup_wifi*-Funktion ist für die Verbindungsaufnahme via Wifi verantwortlich:

```
void setup_wifi() {
  delay(10);
  // We start by connecting to a WiFi network
  Serial.println();
  Serial.print("Connecting to ");
  Serial.println(ssid);
  WiFi.begin(ssid, password);
  while (WiFi.status() != WL_CONNECTED) {
    delay(500);
    Serial.print(".");
  }
  randomSeed(micros());
  Serial.println("");
  Serial.println("WiFi connected");
  Serial.println("IP address: ");
  Serial.println(WiFi.localIP());
}
```

Zu Beginn wird mithilfe der Wifi-Verbindungsparamater für den Router versucht, eine Wifi-Verbindung über die *begin*-Methode zu etablieren. Anschließend kommt es zur kontinuierlichen Abfrage des Verbindungsstatus über die *status*-Methode. Wenn dieser nicht dem vorgegebenen Parameter *WL_CONNECTED* entspricht, wird eine kurze Pause eingelegt und ein erneuter Versuch gestartet. Bei diesem Vorgang werden zur optischen Rückmeldung Punkte im Serial-Monitor angezeigt.

Innerhalb der *loop*-Funktion wird zu Beginn die Verbindung zum MQTT-Broker überprüft. Falls diese Überprüfung nicht auf Anhieb positiv ausfallen sollte, wird in Intervallen von 5 Sekunden jeweils ein erneuter Versuch unternommen. Anschließend wird in Abständen von zwei Sekunden eine entsprechende Nachricht zum angegebenen Topic *outTopic* versendet. Er erfolgt also ein Publish:

```
void loop() {
  if (!client.connected()) {
    reconnect();
  }
  client.loop();
  long now = millis();
  if (now - lastMsg > 2000) {
    lastMsg = now;
    ++value;
    snprintf (msg, 75, "hello world #%ld", value);
    Serial.print("Publish message: ");
    Serial.println(msg);
    client.publish("outTopic", msg);
  }
}
```

Innerhalb der *reconnect*-Funktion erfolgt ebenfalls das Subskriben des *inTopics* für den Empfang von Nachrichten:

```
void reconnect() {
  // Loop until we're reconnected
  while (!client.connected()) {
    Serial.print("Attempting MQTT connection...");
    // Create a random client ID
    String clientId = "ESP8266Client-";
    clientId += String(random(0xffff), HEX);
    // Attempt to connect
    if (client.connect(clientId.c_str())) {
      Serial.println("connected");
      // Once connected, publish an announcement...
      client.publish("outTopic", "hello world");
      // ... and resubscribe
      client.subscribe("inTopic");
    } else {
      Serial.print("failed, rc=");
      Serial.print(client.state());
      Serial.println(" try again in 5 seconds");
```

```
        // Wait 5 seconds before retrying
        delay(5000);
      }
    }
  }
```

Die *callback*-Funktion wird immer dann aufgerufen, wenn ein Gerät eine Nachricht an dein NodeMCU-Board via Publish schickt, wie das z.B. der Raspberry Pi tut:

```
void callback(char* topic, byte* payload, unsigned int length) {
  Serial.print("Message arrived [");
  Serial.print(topic);
  Serial.print("] ");
  for (int i = 0; i < length; i++) {
    Serial.print((char)payload[i]);
  }
  Serial.println();
  // Switch on the LED if an 1 was received as first character
  if ((char)payload[0] == '1') {
    digitalWrite(BUILTIN_LED, LOW);   // Turn the LED on
    // but actually the LED is on; this is because
    // it is active low on the ESP-01
  } else {
    digitalWrite(BUILTIN_LED, HIGH);  // Turn the LED
  }
}
```

Dann wollen wir das Ganze einmal in Node-RED umsetzen, denn bisher haben wir lediglich ein Terminal-Fenster bzw. den Serial-Monitor als Eingabe- bzw. Anzeige-Instanz verwendet. Der folgende Flow ermöglicht uns, die Nachrichten von *outTopic* im Dashboard anzuzeigen. Er kann auch von dort Nachrichten entgegennehmen, um sie an inTopic zu senden. Wir nutzen dazu u.a. aus dem Dashboard die *text*-Node, die zum Anzeigen eines beliebigen Textes dient, der nicht editiert werden kann:

und die text-input-Node für die Eingabe eines Textes:

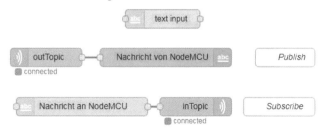

Abbildung 31: Publish und Subscribe mit dem Dashboard

Sehen wir uns nun die recht einfache Konfiguration der Nodes an. Beginnen wir mit dem *outTopic*. Achte darauf, dass du vor dem Topic keinen Schrägstrich(/) anfügst, denn dann wird er nicht erkannt:

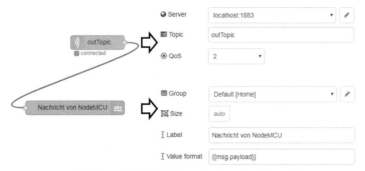

Abbildung 32: Publish mit dem Dashboard

Kommen wir zum *inTopic*:

Abbildung 33: Subscribe mit dem Dashboard

Bei der Konfiguration der text-Node ist es wichtig, darauf zu achten, dass du den Wert für *Delay* auf 0 setzt, denn anderenfalls wird bei jeder Änderung sofort die Eingabe versendet und wir möchten nur bei einer Bestätigung über die *Return*-Taste die Eingabe schicken.

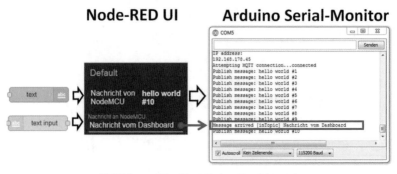

Abbildung 34: Die UI des Dashboards

Sowohl im Serial-Monitor als auch in der *text*-Node des Dashboards siehst du die eintreffenden Nachrichten. Wenn du jetzt in der *text-input*-Node eine Nachricht eingibst und die *Return*-Taste betätigst, erkennst du diese Nachricht im Serial-Monitor wieder. Du siehst, dass Publish und Subscribe mit Node-RED funktionieren. Das sollte an Grundlagen zum Thema MQTT und Node-RED erst einmal reichen, denn es ist nun an der Zeit, etwas Konkretes und wirklich Brauchbares praktisch umzusetzen.

Was hast du gelernt

In diesem Hack hast du die Grundlagen von MQTT kennengelernt und erfahren, wie du deinen Raspberry Pi dazu nutzen kannst, MQTT zu installieren bzw. zu starten. Du hast gesehen, wie Nachrichten über sogenannte Topics organisiert werden und wie du Nachrichten Publishen bzw. Subcriben kannst. Die Zentrale Instanz für das Nachrichten-Handling ist der MQTT-Broker, der als Mittler zwischen Sensoren und Endgeräten positioniert ist. Node-RED bietet fertige Nodes für die Kommunikation mit MQTT an und wir haben Nachrichten von Node-RED an ein Terminal-Fenster im Raspberry Pi versendet. Im Gegenzug wurden Nachrichten vom Raspberry Pi über ein Terminal-Fenster an Node-RED geschickt. Du hast das ESP8266-Wifi-Modul kennengelernt und die betreffende Programmierung über die Arduino-IDE mithilfe einer entsprechenden Erweiterung vorgenommen.

Hack 7 • Eine Funkfernsteuerung

Ich habe beim vorherigen Hack bereits angemerkt, dass wir nun hinsichtlich MQTT ein wenig konkreter werden. Ich möchte dir hier eine Funklichtschaltersteuerung vorstellen, die auf der Basis von Sender- und Empfänger-Modulen vom Typ 433MHz arbeitet. In der folgenden Abbildung siehst du ein solches Set vom Typ *ME FLS 100*:

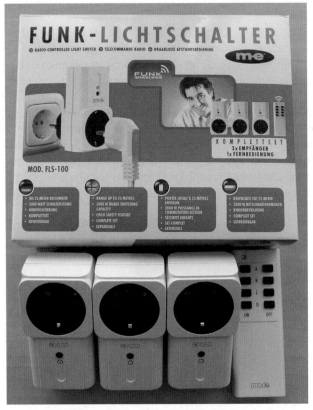

Abbildung 1: Ein Funklichtschalter-Set

Dieses Set ist recht günstig für ca. 26€ erhältlich und beinhaltet drei Funksteckdosen, die über die mitgelieferte Fernbedienung gesteuert werden können. In diesem Hack werden wir die Funksteckdosen über ein separates Sendemodul ansteuern und die Fernbedienung links liegen lassen. Das Sendemodul ist vom Typ *FS1000A*, wie du es in der folgenden Abbildung sehen kannst:

Abbildung 2: Das Funk-Sendemodul FS1000A

Es verfügt über drei Anschlüsse, wobei zwei für die Spannungsversorgung und einer für die Datenübertragung zuständig sind. Hier einige Spezifikationen:

- Betriebsspannung: 03,5V – 12V (DC)
- Reichweite: 20 - 200m (abhängig von der Betriebsspannung)
- Betriebsart: AM
- Übertragungsrate: 4KB/s
- Sendeleistung: 10mW
- Sendefrequenz: 433Mhz
- Pinbelegung: Data, Vcc, GND (von links nach rechts)

Die Ansteuerung des Sendemoduls ist aufgrund einer schon vorhandenen Library denkbar einfach. Du findest sie unter der folgenden Internetadresse:

https://github.com/sui77/rc-switch

Wie das Einbinden einer Library funktioniert, muss ich dir jetzt sicher nicht mehr zu zeigen
.

Welche Bauteile benötigst du?
Für diesen Hack benötigst du die folgenden Bauteile:

Funkschalter-Set (auf der Basis von 433MHz) 1x	
Funk-Sendemodul *FS1000A* 1x	

Tabelle 1: Bauteilliste

Der Schaltplan

Schauen wir uns zunächst den Schaltplan zur Ansteuerung des Funk-Sendemoduls über das NodeMCU-Board an, der sehr einfach ist, denn es müssen lediglich die drei Anschlusspins mit dem Board verbunden werden:

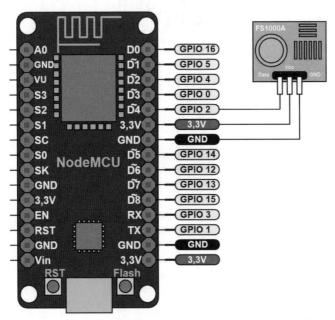

Abbildung 3: Das NodeMCU-Board steuert das Funk-Sendemodul FS1000A an.

Auf dem Simple-Board ist die Schaltung schnell und unkompliziert aufgebaut:

Abbildung 4: Das Funk-Sendemodul FS1000A auf dem Simple-Board

Wenn du dein NodeMCU-Board über die USB-Schnittstelle einmal programmiert hast, befindet sich die Firmware im Speicher des ESP8266-Moduls und letztendlich ist dann USB nur noch für die Spannungsversorgung zuständig. Das bedeutet, dass du das Board auch über ein geeignetes 5V-Netzteil, wie man es auch für das Laden von Smartphones nutzt, mit Spannung versorgen kannst. Somit kannst du es an nahezu jeder beliebigen Stelle in der Wohnung platzieren und du musst lediglich darauf achten, dass die Wifi-Verbindung zu deinem Router noch zustande kommt. Anderenfalls sieht es schlecht aus mit der Funkfernsteuerung ☺

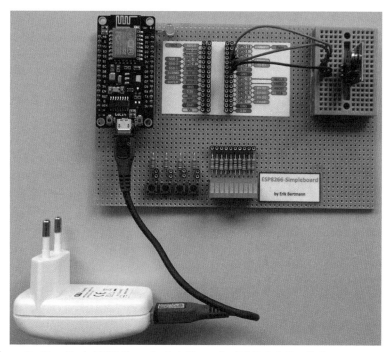

Abbildung 5: Das NodeMCU-Board wird über ein 5V-Netzteil mit Spannung versorgt.

Ein erster Test
Führen wir zu Beginn wieder einen Test durch und steuern eine Funksteckdose im Sekundentakt automatisiert an:

```
#include <ESP8266WiFi.h>
#include <WiFiClient.h>
#include <RCSwitch.h>

RCSwitch mySwitch = RCSwitch();

// A=1, B=2, C=3
byte steckdoseID = 1;

void setup() {
```

```
      mySwitch.enableTransmit(2); // GPIO 2
}

void loop() {
      mySwitch.switchOn(1, steckdoseID);  // An
      delay(1000); // 1 Sekunde Pause
      mySwitch.switchOff(1, steckdoseID); // Aus
      delay(1000); // 1 Sekunde Pause
}
```

Um *RCSwitch* im Code nutzen zu können, wird zu Beginn ein Objekt *mySwitch* generiert. Da ich in meinem Beispiel den Pin *GPIO2* nutze, wird der Methode *enableTransmit* in der *setup*-Funktion diese ID übergeben. Mithilfe der Methoden *switchOn* und *switchOff* wird die jeweilige Steckdose an- bzw. ausgeschaltet. Nach dem Hochladen der Firmware sollte die Steckdose kontinuierlich im Sekundentakt an- bzw. ausgeschaltet werden. Das beschriebene Funkdosen-Set verfügt über drei Steckdosen, die über die Angabe der entsprechenden ID angesteuert werden können. Auf den Steckdosen sind die Buchstaben A, B und C aufgedruckt, was den IDs 1, 2 und 3 entspricht.

Node-RED und MQTT übernehmen die Steuerung

Nun wollen wir natürlich die Steuerung der Steckdosen über Node-RED realisieren, und das möglichst über ein übersichtliches Benutzerinterface. Beginnen wir also mit Node-RED und platzieren die Nodes. Um eine Steckdose zu schalten, verwendest du am besten einen Schalter, der die Signale *true* bzw. *false* als Nachricht versendet. Der Flow würde also wie folgt aussehen:

Abbildung 6: Der Flow zur Steuerung der Steckdosen

Übernehme den Topic der *mqtt*-Nodes so, wie du ihn hier auf der Abbildung siehst. Auf dem Benutzerinterface über die URL *http://192.168.178.52:1880/ui/* stellt sich das Resultat folgendermaßen dar:

Arbeitszimmer
Steckdose 1
Steckdose 2
Steckdose 3

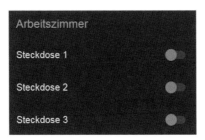

Abbildung 7: Das UI zur Steuerung der Steckdosen

Um die Nachricht von Steckdose 1 zu testen, habe ich wieder ein entsprechendes Terminal-Fenster geöffnet und den folgenden Befehl eingegeben:

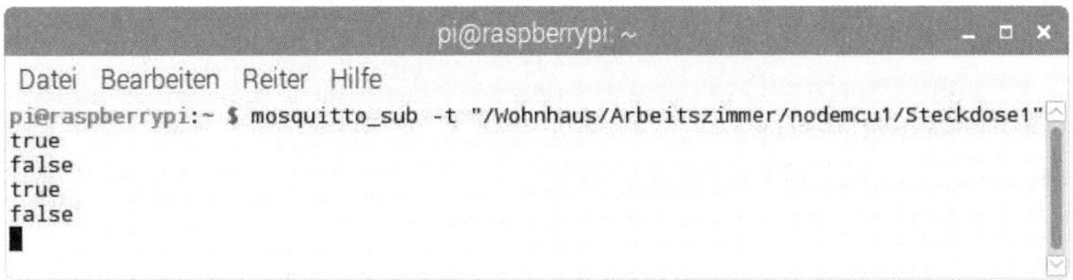

pi@raspberrypi: ~
Datei Bearbeiten Reiter Hilfe
pi@raspberrypi:~ $ mosquitto_sub -t "/Wohnhaus/Arbeitszimmer/nodemcu1/Steckdose1"
true
false
true
false

Abbildung 8: Die Nachrichten von Node-RED in einem Terminal-Fenster

Ich habe den Schalter für Steckdose 1 zweimal hin- und hergeschoben. Das Resultat siehst du hier in den Nachrichten, wobei *true* An und *false* Aus bedeutet. Was musst du aber jetzt im Code der Arduino-IDE ändern, damit dort diese Nachrichten korrekt interpretiert und die Steckdosen entsprechend geschaltet werden? Das schauen wir uns nun im Folgenden an. Ich habe den schon bekannten Code aus dem MQTT-Hack leicht modifiziert und alle nicht mehr erforderlichen Passagen gelöscht. Zu Beginn werden wieder die erforderlichen Header eingebunden und ich habe den zur Ansteuerung der Funksteckdosen einfach hinzugefügt:

```
#include <ESP8266WiFi.h>
#include <PubSubClient.h>
#include <RCSwitch.h>
```

Die Authentifizierung für den Router und die IP-Adresse des MQTT-Servers sind natürlich gleich geblieben:

```
const char* ssid        = "EriksWifi";
const char* password    = "SehrGeheim";
const char* mqtt_server = "192.168.178.52";
```

Ich habe bei der Objektgenerierung wie schon beim einleitenden Test lediglich das Objekt für die Funkfernsteuerung unten angefügt:

```
WiFiClient espClient;
PubSubClient client(espClient);
RCSwitch mySwitch = RCSwitch();
```

Die Funktion zur Herstellung einer Wifi-Verbindung wird 1:1 aus dem MQTT-Hack übernommen und lautet folgendermaßen:

```
void setup_wifi() {
  delay(10);
  // We start by connecting to a WiFi network
  Serial.println();
  Serial.print("Connecting to ");
  Serial.println(ssid);
  WiFi.begin(ssid, password);
  while (WiFi.status() != WL_CONNECTED) {
    delay(500);
    Serial.print(".");
  }
  randomSeed(micros());
  Serial.println("");
  Serial.println("WiFi connected");
  Serial.println("IP address: ");
  Serial.println(WiFi.localIP());
}
```

In der *reconnect*-Funktion müssen wir ebenfalls einige Anpassungen vornehmen, denn die von uns verwendeten Topics zur Ansteuerung der Steckdosen müssen hier hinzugefügt werden:

```
void reconnect() {
  // Loop until we're reconnected
  while (!client.connected()) {
    Serial.print("Attempting MQTT connection...");
    // Create a random client ID
    String clientId = "ESP8266Client-";
    clientId += String(random(0xffff), HEX);
    // Attempt to connect
    if (client.connect(clientId.c_str())) {
      Serial.println("connected");
      // subscribe
      client.subscribe("Wohnhaus/Arbeitszimmer/nodemcu1/Steckdose1");
      client.subscribe("Wohnhaus/Arbeitszimmer/nodemcu1/Steckdose2");
      client.subscribe("Wohnhaus/Arbeitszimmer/nodemcu1/Steckdose3");
    } else {
      Serial.print("failed, rc=");
      Serial.print(client.state());
      Serial.println(" try again in 5 seconds");
      // Wait 5 seconds before retrying
      delay(5000);
    }
  }
}
```

Das Hinzufügen der besagten der drei Topics erfolgt mittels der *subscribe*-Methode.
In der *callback*-Funktion müssen wir ebenfalls einiges anpassen, denn die verschiedenen
Topics der drei Steckdosen müssen beim Eintreffen entsprechend behandelt werden:

```
void callback(char* topic, byte* payload, unsigned int length) {
  String msg;
  Serial.print("Message arrived [");
  Serial.print(topic);
  Serial.print("] ");
  for (int i = 0; i < length; i++) {
    Serial.print((char)payload[i]);
    msg += (char)payload[i];
  }
  Serial.println();
  if(String(topic) == "Wohnhaus/Arbeitszimmer/nodemcu1/Steckdose1") {
    Serial.println(msg);
    if(msg == "true")  mySwitch.switchOn(1, 1);  // An
    if(msg == "false") mySwitch.switchOff(1, 1); // Aus
  }
  if(String(topic) == "Wohnhaus/Arbeitszimmer/nodemcu1/Steckdose2") {
    Serial.println(msg);
    if(msg == "true")  mySwitch.switchOn(1, 2);  // An
    if(msg == "false") mySwitch.switchOff(1, 2); // Aus
  }
  if(String(topic) == "Wohnhaus/Arbeitszimmer/nodemcu1/Steckdose3") {
    Serial.println(msg);
    if(msg == "true")  mySwitch.switchOn(1, 3);  // An
    if(msg == "false") mySwitch.switchOff(1, 3); // Aus
  }
}
```

Beim Aufruf dieser Funktion, der immer dann erfolgt, wenn der Broker eine Nachricht zu
verarbeiten hat, werden sowohl der Topic, die Payload und die Zeichenlänge der Payloads
übergeben. Schauen wir uns exemplarisch den Bereich zur Steuerung der ersten Steckdose
an. Zuvor muss jedoch die Payload über eine *for*-Schleife der Variablen *msg* zugeordnet
werden, wobei die Länge der Payload herangezogen wird. Über verschiedene *if*-Abfragen
kommt es zur Bewertung des eintreffenden Topics:

```
if(String(topic) == "Wohnhaus/Arbeitszimmer/nodemcu1/Steckdose1") {
    Serial.println(msg);
    if(msg == "true")  mySwitch.switchOn(1, 1);  // An
    if(msg == "false") mySwitch.switchOff(1, 1); // Aus
}
```

Entspricht dieser Topic der hier definierten Bedingung, wird der Code, der sich innerhalb
des *if*-Blocks befindet, ausgeführt. Dabei wird der Inhalt der *msg*-Variablen herangezogen,

der ja der Payload entspricht und für das An- bzw. Ausschalten der jeweiligen Steckdose verantwortlich ist. Dies erfolgt ebenfalls über geeignete *if*-Abfragen.

In der *setup*-Funktion habe ich die Initialisierung des verwendeten GPIO-Pins für den Funksender unten angefügt:

```
void setup() {
  pinMode(BUILTIN_LED, OUTPUT);
  Serial.begin(115200);
  setup_wifi();
  client.setServer(mqtt_server, 1883);
  client.setCallback(callback);
  mySwitch.enableTransmit(2); // GPIO 2
}
```

Letztendlich benötigen wir noch die *loop*-Funktion, die ebenfalls leicht modifiziert und von dem Teil befreit wurde, der für das kontinuierliche Versenden von Test-Nachrichten verantwortlich war. Sie ist recht übersichtlich geworden und sieht jetzt wie folgt aus:

```
void loop() {
  if (!client.connected()) {
    reconnect();
  }
  client.loop();
}
```

Was tun bei Kommunikationsproblemen?

Ich habe hinsichtlich der Kommunikation zwischen Node-RED/MQTT schon das Verhalten erlebt, dass die Steckdosen nicht auf meine gewünschten Aktionen über das Benutzerinterface reagiert haben und das aus unerklärlichen Gründen. Es kann natürlich mit Überlagerungen von Funkfrequenzen zu tun haben, die uns in erhöhtem Maße umgeben und z.B. in der unmittelbaren Nähe eines Routers besonders stark zum Tragen kommen können. Durch einen Tastendruck auf den *Reset*-Button am NodeMCU-Board hat sich das Verhalten jedoch in kürzester Zeit in Luft aufgelöst:

Reset-Taster

Abbildung 9: Der Reset-Taster (RST) auf dem NodeMCU-Board

Nach ein paar Sekunden sollte es dann wieder funktionieren.

Strukturierung im Benutzerinterface

Ich möchte an dieser Stelle etwas ansprechen, das wir bisher vollkommen außer Acht gelassen haben. Es hat mit der Programmierung grundsätzlich nichts zu tun und dort ist alles im grünen Bereich. Es geht um die Anordnung bzw. Strukturierung der Anzeigeelemente im Benutzerinterface des Dashboards. Angenommen, du möchtest mehrere Steckdosen in unterschiedlichen Räumen deiner Wohnung steuern, dann kannst du natürlich alle Schalter des Benutzerinterfaces untereinander auf einer einzigen Seite platzieren. Das ist vollkommen in Ordnung, doch es wird sicherlich mit zunehmender Anzahl der Elemente etwas unübersichtlich und erscheint nicht gerade durchdacht. Aus diesem Grund kannst du das Dashboard so konfigurieren, dass Anzeigeelemente in Gruppen zusammengefasst und zudem noch in verschiedenen Tabs angezeigt werden. Das Ganze ist über den *Layout-Manager* des Dashboards sehr einfach zu realisieren. Auf der folgenden Abbildung zeige ich dir das strukturierte Benutzerinterface mit drei Gruppen in einem Tab:

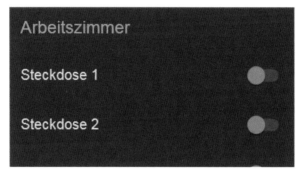

Abbildung 10: Das strukturierte Benutzerinterface

Es sind die drei Gruppen:

- Arbeitszimmer
- Dachgeschoss
- Keller

eingerichtet worden und sie enthalten die entsprechenden Schalter zur Steuerung der Steckdosen. Alle drei Gruppen sind der Tab *Home* zugeordnet. Dann wollen wir mal sehen, wie du das am besten umsetzen kannst. Dazu werfen wir erst einmal auf den Layout-Manager des Dashboard, wie er sich bezüglich des hier gezeigten Benutzerinterfaces darstellt:

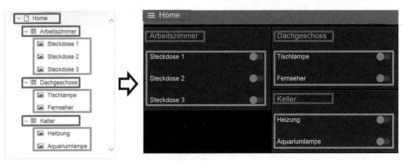

Abbildung 11: Der Dashboard Layout-Manager und das entsprechende Benutzerinterface

An oberster Stelle der Hierarchie befindet sich das *Tab* (Abkürzung für Tabulator). Unterhalb die die einzelnen Gruppen angesiedelt, die ihrerseits die Anzeigeelemente beherbergen. Alles ist im Layout-Manager sehr übersichtlich dargestellt und eingerückt, so dass die etablierte Hierarchie sofort ersichtlich ist. Der von mir eingesetzte Flow schaut wie folgt aus, wobei die Konfiguration nicht noch einmal angesprochen werden muss:

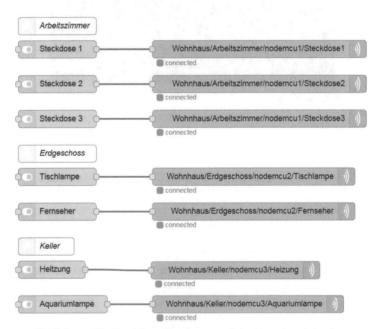

Abbildung 12: Der Flow für das gezeigte Benutzerinterface

Wenden wir uns jetzt aber der Erstellung des Layouts zu und welche Dinge es zu beachten gilt.

Einen neuen Tab hinzufügen

Um einen neuen Tab hinzuzufügen, klickst du auf das kleine +tab-Symbol auf der rechten Seite:

Abbildung 13: Das Hinzufügen eines neuen Tabs

Im Layout-Manager erscheint daraufhin am unteren Ende ein neuer Tab mit einer fortlaufenden Nummer. Wenn du einen neuen Tab auf diese Weise dem Layout hinzugefügt hast, kannst du zwischen den vorhandenen Tabs wie folgt hin- und herwechseln:

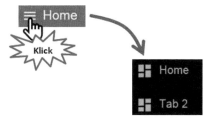

Abbildung 14: Das Hinzufügen eines neuen Tabs

Nach einem Klick auf die drei waagerechten Striche vor dem Tab-Namen werden alle verfügbaren Tabs zur Auswahl angezeigt. Das ist aber nur der Fall, wenn das entsprechende Tab auch über Anzeigeelemente verfügt. Also fügst du dem neuen Tab am besten noch eine Gruppe und ein Anzeigeelement hinzu.

Einen Tab umbenennen

Diesem kannst du dann über einen Klick auf die *Edit*-Schaltfläche einen neuen und vielleicht sprechenden Namen vergeben.

Abbildung 15: Das Umbenennen eines Tabs

Über einen Klick auf die *Update*-Schaltfläche werden die gemachten Änderungen übernommen.

Einen Tab löschen

Natürlich ist es auch möglich, einen gerade hinzugefügten Tab wieder zu entfernen. Über einen Klick auf die *Delete*-Schaltfläche wird er wieder gelöscht:

Abbildung 16: Das Löschen eines Tabs

Eine neue Gruppe einem Tab hinzufügen

Um einem bestehenden Tab eine neue Gruppe hinzuzufügen, klickst du auf die *+group*-Schaltfläche, die neben dem betreffenden Tab in Erscheinung tritt, wenn du die Maus rechts von der Tab-Bezeichnung positionierst:

Abbildung 17: Das Hinzufügen einer neuen Gruppe

Die neue Gruppe erscheint hierarchisch gesehen unterhalb bzw. rechts eingerückt des betreffenden Tabs.

Eine Gruppe umbenennen

Vergleichbar mit dem Editieren eines Tabs kann natürlich auch eine Gruppe angepasst werden. Klicke dazu auf die *edit*-Schaltfläche der betreffenden Gruppe:

Abbildung 18: Das Umbenennen einer Gruppe

Über einen Klick auf die *Update*-Schaltfläche werden die gemachten Änderungen übernommen.

Eine Gruppe löschen

Natürlich kannst du - ähnlich wie bei einem Tab - eine Gruppe löschen. Klicke hierzu einfach auf die *delete*-Schaltfläche:

Abbildung 19: Das Löschen einer Gruppe

Was hast du gelernt

In diesem Hack hast du gesehen, wie du mithilfe eines Funksenders vom Typ *FS1000A* Funk-Steckdosen steuern kannst. Die Steuerung haben wir wieder über MQTT realisiert. Durch eine entsprechende Anpassung des C++ Codes in der Arduino-IDE hast du die unterschiedlichen Topics für die einzelnen Steckdosen hinzugefügt, so dass der Aufruf der *callback*-Funktion beim Empfang von MQTT-Nachrichten eine Steuerung ermöglichte. Wie haben uns am Ende des Hacks ein wenig mit dem Dashboard Layout-Manager auseinandergesetzt. Du hast gesehen, wie du eine Anzeigeelemente in Gruppen zusammenfügen kannst, die dann in einem oder mehreren Tabs organisiert sind.

Hack 8 • Wetterdaten abrufen

Vor dem Internet gab es zur Bestimmung des Wetters bzw. dessen Voraussage kleine Wetterhäuschen, aus dem z.B. ein Mann mit einem Regenschirm bei schlechtem Wetter herauskam oder eine Frau im Dirndl bei gutem Wetter.

Das war aber eher eine ungenaue Schätzung dessen, was sich dann wirklich hinsichtlich des Wetters ergab. Heutzutage gibt es offizielle Wetterstationen, die Wetterdaten im Internet frei zur Verfügung stellen und abgerufen werden können. In diesem Hack möchte ich dir zeigen, wie du aktuelle Wetterdaten für einen bestimmten Ort abrufen kannst. Wir werden dazu *OpenWeatherMap* nutzen:

OpenWeatherMap

Die Internetadresse dieses Dienstes lautet folgendermaßen:

http://openweathermap.org/

Die Installation erfolgt über Node-RED. Du musst lediglich als Suchbegriff *openweathermap* eingeben:

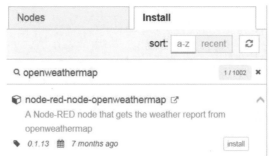

Abbildung 1: Die Installation der OpenWeatherMap-Nodes

Im Anschluss findest du in Node-RED in der Palette *Weather* zwei neue Nodes:

Bevor du diesen Dienst nutzen kannst, musst du dich natürlich auf der Internetseite registrieren und dort einen sogenannten *API-Key* auslesen. Der wird für das Abrufen der Wetterdaten benötigt und wurde nur für deinen Account generiert. Du solltest diesen Key nicht an Dritte weitergeben. Dir wird ein persönlicher API-Key per Mail zugesendet, du kannst ihn aber natürlich auch auf deinem OpenWeatherMap-Profil abrufen:

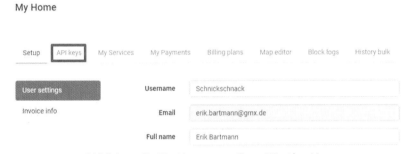

Abbildung 2: My Home von OpenWeatherMap

Dort befindet sich ein Reiter mit der Bezeichnung *API keys*, hinter dem sich der Key verbirgt. Dieser wird dir nach einem Klick auf den Reiter angezeigt:

Abbildung 3: API-Key von OpenWeatherMap

Hier kannst du deinen API-Key verwalten, also z.B. löschen und neu generieren. Schauen wir uns einen Test-Flow an, der die Wetterdaten abruft. Beachte jedoch, dass es nach der Registrierung auf der Internetseite von *OpenWeatherMap* ca. 10 Minuten dauern kann, bis der bereitgestellte API-Key aktiviert wird.

Abbildung 4: Der Flow zum Abrufen der Wetterdaten von OpenWeatherMap

Die Konfiguration der *OpenWeatherMap*-Node stellt sich für die Stadt *Köln* folgendermaßen dar:

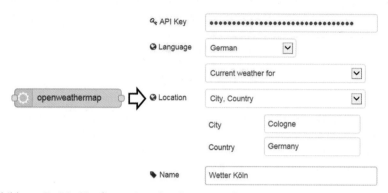

Abbildung 5: Die Konfiguration der OpenWeatherMap-Node für die Stadt Köln

Nach dem Deploy und nach einem Klick auf die *inject*-Node werden bei mir die folgenden Daten angezeigt:

07.07.2017 18:30:44   159230f1.9a26cf

msg.payload : Object

{ "weather": "Clear", "detail": "Klarer Himmel", "tempk": 302.42, "tempc": 29.2, "temp_maxc": 29.9, "temp_minc": 27.9, "humidity": 37, "maxtemp": 303.15, "mintemp": 301.15, "windspeed": 8.2, "winddirection": 280, "location": "Altstadt Nord", "sunrise": 1499398066, "sunset": 1499456770, "clouds": 0, "description": "The weather in Altstadt Nord at coordinates: 50.94, 6.96 is Clear (Klarer Himmel)." }

Abbildung 6: Die Ausgabe der OpenWeatherMap Wetterdaten im Debug-Fenster

Die Wetterdaten liegen in der Payload im *JSON*-Format vor und beinhalten z.B. Folgendes:

- Bewölkung am Himmel
- aktuelle Temperatur
- minimaler gemessener Temperaturwert
- maximaler gemessener Temperaturwert
- Windrichtung
- Windgeschwindigkeit
- u.v.a.m

Das Parsen der Wetterdaten ist leicht zu bewerkstelligen. Wir wollen es einmal am Beispiel der Temperaturwerte und der Feuchtigkeit durchführen. Der folgende Flow zeigt die Wetterdaten im Dashboard im Sekundentakt an. Die Konfiguration der *inject*-Node für einen Intervallaufruf dürfte dir bekannt sein:

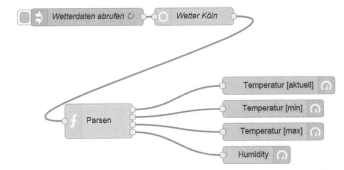

Abbildung 7: Der Flow zur Anzeige der Wetterdaten im Dashboard

Die gesamte Funktionalität befindet sich in der *function*-Node, die wie folgt aussieht:

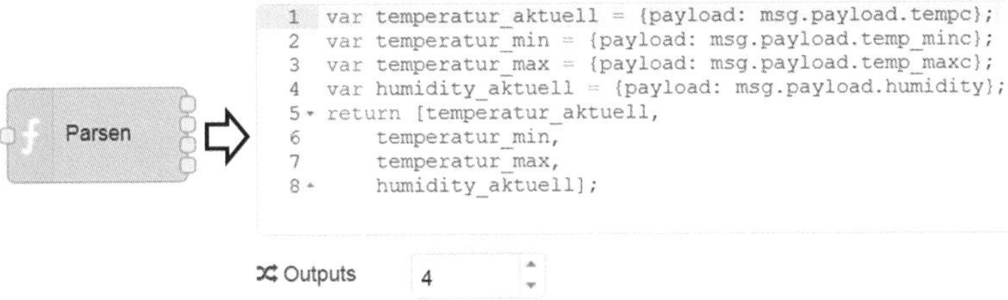

```
1   var temperatur_aktuell = {payload: msg.payload.tempc};
2   var temperatur_min = {payload: msg.payload.temp_minc};
3   var temperatur_max = {payload: msg.payload.temp_maxc};
4   var humidity_aktuell = {payload: msg.payload.humidity};
5 - return [temperatur_aktuell,
6         temperatur_min,
7         temperatur_max,
8 -       humidity_aktuell];
```

⤭ Outputs   4

Abbildung 8: Die Konfiguration der function-Node

Die *function*-Node ist so programmiert, dass sie vier Werte in einem Array zurückliefert und der Output-Wert natürlich dementsprechend auf den Wert 4 gesetzt werden muss. Die Werte werden in der folgenden Reihenfolge zurückgeliefert:

- aktuelle Temperatur
- minimale Temperatur
- maximale Temperatur
- Humidity (Feuchtigkeit)

Die nachfolgenden *gauge*-Nodes zeigen diese Werte an:

Abbildung 9: Die Wetterdaten im Dashboard

Natürlich kannst du die Wetter-Daten auch in Richtung MQTT versenden und dort in ihrer Gesamtheit im JSON-Format abliefern. Der Flow ist einfach zu erweitern und sieht bei mir wie folgt aus:

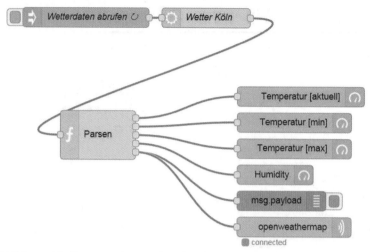

Abbildung 10: Der erweiterte Flow für das Versenden in Richtung MQTT

Ich habe der *function*-Node einen weiteren Ausgang hinzugefügt, an dem ich alle Wetterdaten einerseits über die *debug*-Node im Debug-Fenster anzeigen lasse und andererseits an MQTT versende. Der Code der *function*-Node sieht dabei folgendermaßen aus:

Abbildung 11: Die Konfiguration der function-Node

Über die *mqtt*-Node werden die kompletten Wetterdaten im JSON-Format versendet:

Abbildung 12: Die Konfiguration der mqtt-Node

Nun kannst du in einem Terminal-Fenster die Daten des MQTT-Brokers anzeigen:

```
                          pi@raspberrypi: ~              _ □ ✕

 Datei  Bearbeiten  Reiter  Hilfe

 pi@raspberrypi:~ $ mosquitto_sub -t "/openweathermap"
 {"weather":"Clear","detail":"Klarer Himmel","tempk":296.4,"tempc":23.1,"temp_max
 c":23.9,"temp_minc":22.9,"humidity":60,"maxtemp":297.15,"mintemp":296.15,"windsp
 eed":1.5,"location":"Altstadt Nord","sunrise":1499484504,"sunset":1499543142,"cl
 ouds":0,"description":"The weather in Altstadt Nord at coordinates: 50.94, 6.96
 is Clear (Klarer Himmel)."}
 █
```

Abbildung 13: Die Wetterdaten von Node-RED werden vom MQTT-Broker bestätigt.

Natürlich könntest du dir auch alle Nachrichten, falls sie denn auflaufen würden, über den folgenden Befehl anzeigen lassen:

```
# mosquitto_sub -t "#"
```

Ein Frostwarnsystem einrichten

Es ist zwar schön und gut, immer über die aktuellen Wetterdaten informiert zu werden, doch es kann auf Dauer etwas mühselig sein, jemanden dafür abzustellen, wenn man wissen möchte, ob die Temperatur unter 0 Grad Celsius fällt, nur um die Pflanzen auf der Terrasse vor Frostschäden zu schützen. Aus diesem Grund wollen wir im nächsten Schritt ein kleines Warnsystem einrichten, das uns immer dann informiert, wenn die aktuelle Temperatur unter einen von uns festgelegten Schwellwert sinkt. Der folgende Flow sendet eine Nachricht an eine *Gmail*-Adresse, wenn ein bestimmter Temperaturwert unterschritten wird. Natürlich sollte die Abfrage nicht im Minuten- oder sogar Sekundentakt erfolgen, denn in diesem Fall würde dein Email-Postfach einem Spam-Angriff ausgesetzt und irgendwann überquellen. Eine Abfrage alle 30 Minuten wäre hier vielleicht sinnvoll. Doch diesbezüglich musst du dir deine eigenen Gedanken machen. Für den Flow werden zwei zusätzliche Nodes benötigt:

Die *switch*-Node aus der function-Palette leitet nur dann eine Nachricht weiter, wenn eine oder mehrere definierte Bedingungen zutreffen, und die *email*-Node aus der *social*-Palette versendet eine E-Mail:

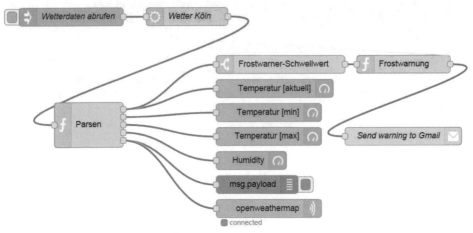

Abbildung 14: Der Flow für das Frostwarnsystem

Ich möchte eine E-Mail erhalten, wenn der Temperaturwert 2 Grad Celsius unterschritten wird, die Temperatur also demnach nahe am Gefrierpunkt von 0 Grad Celsius liegt. Die *inject*-Node wird von mir wie folgt konfiguriert:

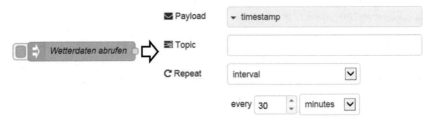

Abbildung 15: Die Konfiguration der inject-Node

Wie du in dem gerade gezeigten Flow siehst, habe ich dem oberen Ausgang der *function*-Node einen weiteren Verarbeitungsstrang hinzugefügt, der dafür zuständig ist, beim Unterschreiten eines Schwellwertes eine vordefinierte Nachricht an einen E-Mail-Account zu versenden. Sehen wir uns diesen Strang genauer an:

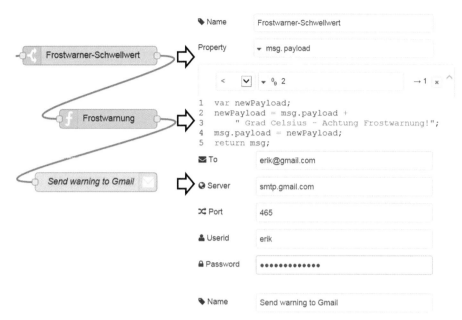

Abbildung 16: Der Strang zur Versendung einer E-Mail

Über die obere *switch*-Node wird eine Bedingung definiert, die bewirkt, dass nur dann die Payload an die nächste Node weitergeleitet wird, wenn diese Bedingung zutrifft. In unserem Fall muss der Temperaturwert < 2 sein. Über die *function*-Node wird eine entsprechende Nachricht für den Mail-Body formuliert und schließlich über die *email*-Node versendet. Die Frostwarner-Nachricht in meinem Mail-Client sieht dann wie folgt aus:

☐ ☆ ▦ ich   **Message from Node-RED** - 2.0 Grad Celsius - Achtung Frostwarnung!   **12:02**

Was hast du gelernt

In diesem Hack haben wir über den Dienst *OpenWeatherMap* aktuelle Wetterdaten abgerufen, was mit einer Erweiterung von Node-RED sehr einfach möglich ist. Es wurden verschiedene Daten wie aktuelle Temperatur, minimaler bzw. maximaler Temperaturwert und Luftfeuchte über *gauge*-Nodes visualisiert. Die Werte haben wir in Richtung MQTT versendet und später entsprechend abgerufen, um darüber ein Frostwarnsystem aufzubauen, das eine entsprechende Warnung per E-Mail versendet.

Hack 9 • Daten in SQLite

Wenn du dir z.B. die Wetterdaten aus dem vorangegangenen Hack live anschauen möchtest, so ist das kein Problem, denn die Informationen werden von dem Provider abgerufen und unmittelbar angezeigt. Was ist aber, wenn du die Messwerte über einen längeren Zeitraum beobachten und vielleicht auch auswerten möchtest? In diesem Fall kommst du um das Speichern der Daten nicht herum. Es kann auf unterschiedliche Weise erfolgen. Die einfachste Möglichkeit besteht darin, sie in einer Datei im Filesystem abzulegen. In der *storage*-Palette findest du u.a. die *file*-Node, mit der du Daten im Dateisystem ablegen kannst:

Sehen wir uns das am Beispiel des letzten Flows für die OpenWeatherMap-Daten an:

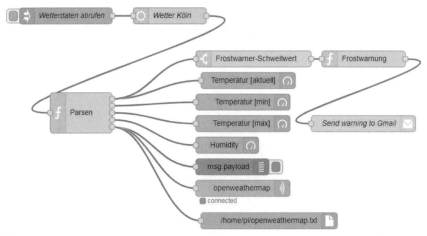

Abbildung 1: Der erweiterte Flow zur Speicherung der OpenWeatherMap-Wetterdaten

Wie du siehst, habe ich ganz unten eine neue Node angefügt, die die Speicherung der Wetterdaten im Dateisystem vornimmt. Die Konfiguration ist denkbar einfach und ich habe einfach den Home-Pfad des standardmäßig vorhandenen Raspberry Pi Users *pi* verwendet, der */home/pi* lautet:

Abbildung 2: Die file-Node-Konfiguration zur Speicherung der
OpenWeatherMap-Wetterdaten

Im oberen rot markierten Textfeld musst du lediglich den genannten Pfad und den Namen einer Datei angeben. Über *Action* wird mitgeteilt, was geschehen soll, wenn die angegebene Datei schon vorhanden ist und ein erneuter Schreibvorgang ausgeführt wird. Ich möchte in unserem Fall die Datei nicht immer überschreiben lassen, sondern die Informationen quasi unten anfügen. Aus diesem Grund habe ich *append to file* gewählt. Sehen wir uns das auf dem Raspberry Pi an:

```
                              pi@raspberrypi: ~                    _  □  ✕

 Datei  Bearbeiten  Reiter  Hilfe
 pi@raspberrypi:~ $ ls -l
 insgesamt 52
 drwxr-xr-x 2 pi    pi    4096 Jun 21 10:11 Desktop
 drwxr-xr-x 5 pi    pi    4096 Jun 21 09:26 Documents
 drwxr-xr-x 2 pi    pi    4096 Jun 21 10:11 Downloads
 drwxr-xr-x 2 pi    pi    4096 Jun 21 10:11 Music
 -rw-r--r-- 1 root  root  4884 Jul  7 16:04 npm-debug.log
 -rw-r--r-- 1 pi    pi     352 Jul 10 07:01 openweathermap.txt
 drwxr-xr-x 2 pi    pi    4096 Jun 21 10:11 Pictures
 drwxr-xr-x 2 pi    pi    4096 Jun 21 10:11 Public
 drwxr-xr-x 2 pi    pi    4096 Jun 21 09:26 python_games
 drwxr-xr-x 4 pi    pi    4096 Jun 28 15:49 sketchbook
 drwxr-xr-x 2 pi    pi    4096 Jun 21 10:11 Templates
 drwxr-xr-x 2 pi    pi    4096 Jun 21 10:11 Videos
 pi@raspberrypi:~ $ █
```

Abbildung 3: Die Dateien im pi-Homeverzeichnis

Über den Befehl

```
# ls -l
```

kannst du dir die Dateien im aktuellen Pfad anzeigen lassen und du siehst, dass dort die Datei *openweathermap.txt* vorhanden ist. Ich habe die Wetterdaten zweimal dort speichern lassen. Den Inhalt kannst du dir über den Befehl

```
# cat openweathermap.txt
```

anzeigen lassen.

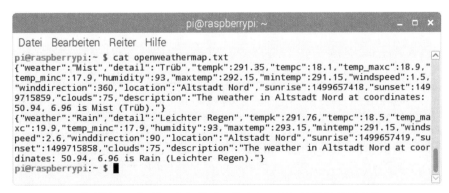

Abbildung 4: Der Inhalt der Datei openweathermap.txt

Dies ist zwar eine schöne Ansicht, sie wird aber mit der Anzahl immer weiterer Einträge sehr unübersichtlich, und bei der Auswertung der Daten bekommen wir sicherlich Probleme, denn das Parsen der Werte ist nicht ganz einfach. Aus diesem Grund werde ich dir eine weitere und sehr elegante Möglichkeit der Datenvorhaltung zeigen.

Speicherung in einer Datenbank

In den Anfängen der Datenverarbeitung waren die Informationseinheiten noch klein und handhabbar, so dass diese in einer recht flachen Struktur wie z.B. in Textdateien verwaltet werden konnten. Dieses Verfahren stieß jedoch aufgrund des exponentiell anwachsenden Datenaufkommens sehr schnell an seine Grenzen. Gerade wenn es darum ging, unterschiedliche Daten in Bezug zueinander zu setzen oder Daten einfach nur abzufragen, war man ein wenig überfordert.

Die bekannten Programmiersprachen waren zum Speichern, Auslesen bzw. Filtern der Daten nicht oder nur bedingt geeignet, so dass es auch an dieser Stelle zu Problemen kam. Eine Lösung brachten die neu entwickelten Datenbanksysteme, die in den 1960er Jahren eingeführt wurden. Sie gaben uns die Möglichkeit, die Menge an Daten so zu verwalten, dass sie in eine Beziehung zueinander gestellt werden konnten und in einer geordneten Struktur vorlagen. Natürlich werden die Daten einer Datenbank auch weiterhin in Dateien im Filesystem verwaltet, doch der Zugriff darauf wird durch ein sogenanntes *Datenbank-Management-System* erleichtert.

Abbildung 5: Das Datenbanksystem

Derartige Datenbanksysteme sind heute sehr verbreitet und werden von namhaften Firmen wie Oracle oder Microsoft vertrieben, um an dieser Stelle nur zwei zu nennen. Es handelt sich dabei um eine Client-Server-Architektur, die die Daten in einem mehr oder weniger großen Netzwerk zur Verfügung stellt bzw. verwaltet. Auf diese Weise können nahezu unbegrenzt viele Nutzer auf einen gemeinsamen Datenbestand zugreifen. Das beste Beispiel ist hier die Suchmaschine *Google* mit einem riesigen Datenbestand und Unmengen an Informationen über alle möglichen Themenbereiche des Lebens. Sie werden auf mehreren Servern gespeichert und wir können mit unseren Internet-Browsern, die als Clients arbeiten, darauf zugreifen. Der eigentliche Datenbankzugriff erfolgt dabei im Hintergrund und bleibt vor uns verborgen. Wir geben lediglich bestimmte Suchbegriffe ein, die dazu dienen, möglichst genaue Antworten vom Server zu erhalten und die Rückgabewerte zu minimieren. Wie aber erfolgt ein Zugriff auf eine solche Datenbank? Im Zuge moderner relationaler

Datenbanken wurde natürlich auch eine Abfragesprache entwickelt, die einen schnellen Zugriff gewährt. Diese Sprache nennt sich *SQL*, was für *Structured Query Language* steht. Bevor wir uns aber dieser Sprache widmen, wollen wir uns ein paar grundlegende Elemente einer Datenbank anschauen, denn irgendwo bzw. irgendwie müssen die Daten ja gespeichert werden. Hier kommen nun die sogenannten *Tabellen* ins Spiel, die als Container für zu speichernde Daten dienen. Wie können wir uns derartige Tabellen vorstellen? Das ist recht einfach - stelle dir vor, du müsstest die folgenden Werte der Wetterdaten speichern:

- aktueller Temperaturwert
- minimal gemessener Temperaturwert
- maximal gemessener Temperaturwert
- Feuchtigkeit
- Windgeschwindigkeit
- Windrichtung

Das sind nur einige Werte, die OpenWeatherMap liefert. Die einzelnen Werte werden in Spalten angeordnet, und wenn eine neue Messung erfolgt, kommt eine neue Zeile hinzu. Dabei ist es sicherlich wichtig zu wissen, zu welchem Zeitpunkt die Messung erfolgte, und aus diesem Grund besitzt eine Tabelle normalerweise einen sogenannten *Timestamp*, der Aufschluss über Datum und Uhrzeit der Messung liefert. Das sind nur ein paar Beispiele für die Daten in einer Tabelle, die beliebig geändert oder erweitert werden kann. Dann ist es nun an der Zeit, eine Tabelle anzulegen, denn sie soll ja die Messwerte und einige Zusatzinformationen speichern. Hier gilt es, einiges zu beachten, denn ähnlich wie in der Programmiersprache C++ gibt es auch bei der Datenbankprogrammierung unterschiedliche Datentypen. Wir kennen z.B. Textinformationen, Ganzzahlen, Fließkommazahlen, Wahrheitswerte, um nur einige zu nennen. In der folgenden Tabelle habe ich einige wichtige zusammengefasst. Hier haben wir übrigens wieder den Begriff *Tabelle* und du siehst die Anordnung der Informationen:

Datentyp	Erklärung
NULL	*leer (nicht zu verwechseln mit dem numerischen Wert 0)*
INTEGER	ein vorzeichenbehafteter Ganzzahlwert mit 1, 2, 3, 4, 6 oder 8 Bytes
REAL	ein Fließkommawert mit 8 Byte Datenbreite nach IEEE-Norm
TEXT	eine Zeichenkette mit unterschiedlichem Encoding nach UTF-8, UTF-16BE bzw. UTF-16LE
BLOB	ein Rohdatenwert - wird in exakt dem angegebenen Datentyp abgespeichert

Tabelle 1: Die unterschiedlichen Datentypen in SQLite

In unserem Hack verwenden wir die *SQLite*-Datenbank:

Abbildung 6: Die SQLite-Datenbank

Bei SQLite handelt es sich dabei um ein relationales Datenbank-System. Es ist vor allem für den Einsatz in Embedded-Systemen ausgelegt. Hierbei wird keine Client/Server-Umgebung benötigt, sondern direkt auf eine vorher definierte Datenbankdatei zugegriffen. SQLite verfügt leider nicht über einen speziellen Datentyp zur Speicherung von Datum und Zeit, also wie bei anderen Datenbanken der Datentyp *datetime*. Wir verwenden dafür den Datentyp *TEXT* und speichern den Wert in der Form

```
YYYY-MM-DD HH:MM:SS.SSS
```

ab. Die Buchstaben stehen für folgende Angaben:

- YYYY: (Y= Year) Jahresangabe wie z.B. 2017
- MM: (M = Month) Monatsangabe wie z.B. 06
- DD: (D = Day) Tagesangabe wie z.B. 13
- HH: (H = Hour) Stundenangabe wie z.B. 13
- MM: (M = Minute) Minutenangabe wie z.B. 09
- SS: (S = Second) Sekundenangabe wie z.B. 12
- SSS: (Millisekunden) – kann entfallen

Alle weiteren Details liefere ich dir zu gegebener Zeit. Bevor du jedoch *SQLite* auf deinem Raspberry Pi nutzen kannst, musst du SQLite erst einmal installieren.

Die Installation von SQLite
Um SQLite zu installieren, führe die folgende Befehlszeile in einem Terminal-Fenster aus:

```
# sudo apt-get update
# sudo apt-get install sqlite3
```

Die Version kann über den folgenden Befehl abgefragt werden:

```
# sqlite3 -version
```

Die zum Zeitpunkt der Entstehung dieses Buches aktuelle Version ist 3.8.7.1, was sich aber durchaus mit der Zeit noch ändern kann. Somit ist die Datenbank SQLite auf dem Raspberry Pi installiert und wir kommen zum nächsten Schritt. Damit du eine Datenbank komfortabel administrieren kannst, ist ein Administrationstool erforderlich, denn du musst das Schema der Datenbank definieren. Mit Schema sind z.B. der Datenbankname und die einzelnen Tabellen mit den entsprechenden Spalten gemeint. Das Schema muss vor dem Speichern der Daten natürlich vorhanden sein. Bevor wir jedoch das Datenbank-Administrationstool genauer unter die Lupe nehmen, beginnen wir mit der Variante der Administration über das Terminal-Fenster.

Datenbankadministration über ein Terminal-Fenster
Bevor du die Datenbank mit einer Tabelle anlegst, solltest du dir Gedanken über das Schema machen. Ich nenne die Datenbank bzw. die Datenbankdatei *testdaten.db* und die Tabelle *messwerte*. Sie soll die folgenden Spalten enthalten:

Spaltenname	Datentyp	Bemerkungen
id	INTEGER	Fortlaufende Nummer
temperatur	REAL	Speichert den Temperaturwert
humidity	REAL	Speichert den Feuchtigkeitswert
datum	TEXT	Speichert den Zeitstempel

Tabelle 2: Die Tabelle "messwerte" mit ihren Spalten

Um die Datenbank mit der Tabelle und den entsprechenden Spalten zu erstellen, gibst du die folgenden Kommandos in einem Terminal-Fenster ein:

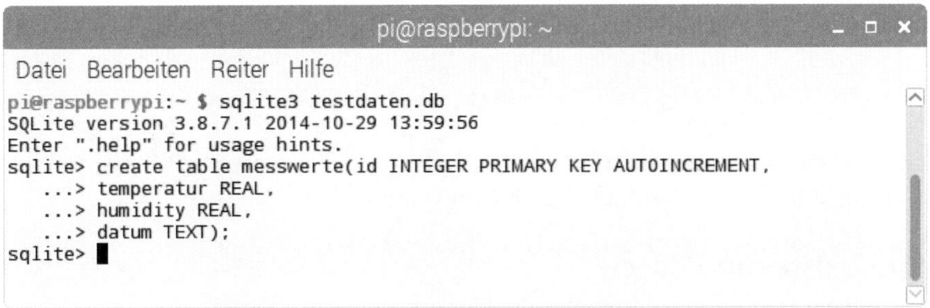

Abbildung 7: Die Datenbank mit der Tabelle und den Spalten anlegen

Mithilfe des *sqlite3*-Befehls wird die Erstellung der Datenbankdatei und der Tabelle eingeleitet, wobei du über über den *create table*-Befehl die Tabelle mit den Spalten anlegst. Die Syntax lautet wie folgt:

```
sqlite> create table <Tabellenname> (<Spalteninformationen>, ...);
```

Nach dieser Aktion befindet sich im Dateisystem eine neue Datei mit dem Namen *testdaten. db*, die die Datenbank repräsentiert und die noch leere Tabelle *messwerte* beinhaltet. Innerhalb der runden Klammern werden die Spaltennamen mit ihren Datentypen aufgeführt. Jede einzelne Spalte wird dabei durch ein Komma separiert. Die erste Spalte *id* verfügt über die schon erwähnte Sonderfunktion des *Primary Key*, der hinter dem Datentyp angegeben wird. Über den Zusatz *AUTOINCREMENT* bewirken wir, dass bei jedem Hinzufügen eines neuen Datensatzes die *id*-Spalte um den Wert 1 erhöht wird. Es ist nicht erforderlich, diese Spalte explizit anzugeben. Nach erfolgreicher Erstellung der Tabelle können wir uns über den Befehl *.schema messwerte* das Schema der Tabelle anzeigen lassen:

Abbildung 8: Das Anzeigen des Tabellen-Schemas

Falls dir beim Anlegen einer Tabelle einmal ein Fehler unterlaufen sein sollte oder eine Datenbankdatei nicht mehr erforderlich ist, kannst du sie über den folgenden Befehl löschen:

```
sqlite> drop table <Tabellenname>;
```

Um Daten in einer Datenbank zu verwalten, gibt es die unterschiedlichsten Befehle, von denen wir uns die wichtigsten jetzt anschauen wollen.

Einen Datensatz hinzufügen

Wenn es darum geht, Daten in einer Tabelle hinzuzufügen, spricht man bei diesen Daten von einem sogenannten *Datensatz*. Der entsprechende Befehl lautet folgendermaßen:

```
sqlite> insert into <Tabellenname> (<Spalten>,...) values (<Werte>, ...);
```

Das schauen wir uns natürlich wieder an einem konkreten Beispiel an.

Abbildung 9: Das Hinzufügen eines neuen Datensatzes

Ist dir beim Einfügen des neuen Datensatzes in die Tabelle etwas aufgefallen? Ich habe nicht die *id* vergeben bzw. angegeben. Sie wird intern - ich habe es schon erwähnt – automatisch, mit 1 beginnend, bei jedem neuen Datensatz um den Wert 1 erhöht. Um den Inhalt einer Tabelle anzeigen zu lassen, kommt eine *select*-Anweisung zum Einsatz, wie ich sie auch direkt nach dem Einfügen des neuen Datensatzes verwendet habe. Gehen wir jedoch noch einmal genauer darauf ein.

Das Anzeigen des Tabelleninhaltes

Zum Anzeigen des Tabelleninhaltes wird die *select*-Anweisung verwendet. Ich habe zum besseren Verständnis weitere Datensätze in die Tabelle eingefügt:

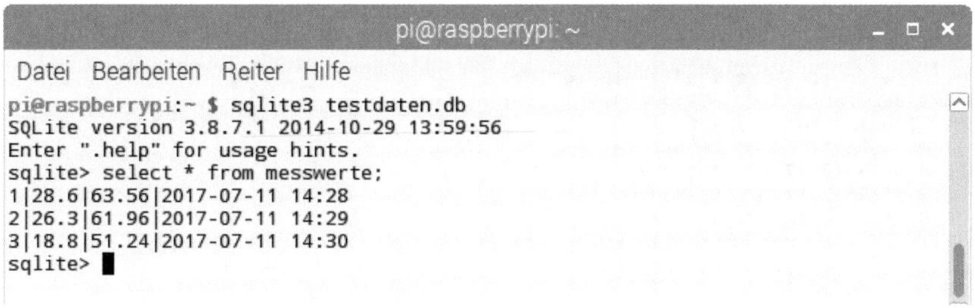

Abbildung 10: Das Anzeigen der Datensätze einer Tabelle

Allgemein erfolgt das Abrufen der Daten aus einer Tabelle über das Schlüsselwort *select*, gefolgt von der Auflistung der vorhandenen Spaltennamen und der Angabe, aus welcher Tabelle die Informationen überhaupt gelesen werden sollen, was über das Schlüsselwort *from* erfolgt. Wenn du dir alle in der Tabelle enthaltenen Spalteninformationen anzeigen lassen möchtest, wird die Auflistung der einzelnen Spaltennamen durch einen Stern * ersetzt. Das Interessante an einer *select*-Anweisung ist die Möglichkeit einer Filterung über die sogenannte *where*-Klausel. Mich interessieren jetzt nur die Messwerte, die der Sensor mit der *id = 2* in die Tabelle geschrieben hat. Wie lautet die SQL-Abfrage hierzu?

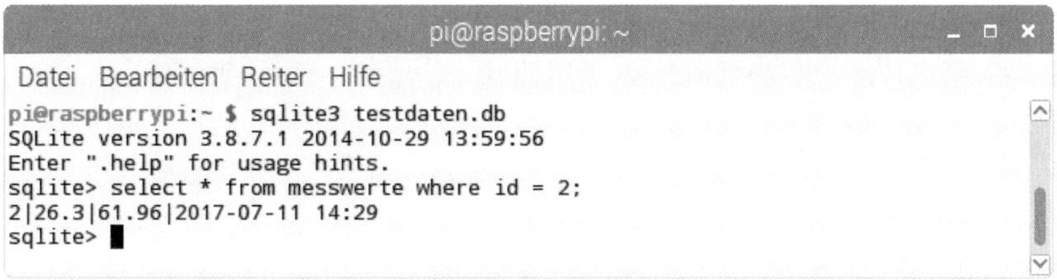

Abbildung 11: Das Einschränken der Anzeige der Datensätze einer Tabelle mithilfe der where-Klausel

Das Löschen von Datensätzen aus einer Tabelle

Natürlich kannst du hinzugefügte Datensätze auch wieder aus einer Tabelle entfernen. Dies erfolgt über den *delete*-Befehl, der jedoch eine potentielle Gefahr für alle Daten in einer Tabelle in sich birgt. Die Gefahr geht jedoch nicht von diesem Befehl selbst aus, sondern von dem, der ihn nachlässig ausführt. Der folgende Befehl entfernt nämlich komplett alle Datensätze aus der angegebenen Tabelle:

```
sqlite> delete from <Tabellenname>;
```

Um nur bestimmte Datensätze bzw. nur einen einzigen aus einer Tabelle zu entfernen, ist die schon erwähnte *where*-Klausel unerlässlich. An dieser Stelle kommt auch der Primary Key zum Tragen, durch den ein Datensatz eindeutig wird. Wenn du z.B. den Datensatz mit dem Temperaturwert von 26.3 Grad Celsius löschen möchtest, verwendest du hierzu den *id*-Wert 2. Das Löschen erfolgt mit dem folgenden Befehl, wobei ich ein *Select* zur Anzeige der Datensätze vor und nach dem Löschen ausgeführt habe:

```
pi@raspberrypi: ~                                          _  □  ×

 Datei  Bearbeiten  Reiter  Hilfe
pi@raspberrypi:~ $ sqlite3 testdaten.db
SQLite version 3.8.7.1 2014-10-29 13:59:56
Enter ".help" for usage hints.
sqlite> select * from messwerte;
1|28.6|63.56|2017-07-11 14:28
2|26.3|61.96|2017-07-11 14:29
3|18.8|51.24|2017-07-11 14:30
sqlite> delete from messwerte where id= 2;
sqlite> select * from messwerte;
1|28.6|63.56|2017-07-11 14:28
3|18.8|51.24|2017-07-11 14:30
sqlite> █
```

Abbildung 12: Das Löschen eines einzigen Datensatzes mithilfe der where-Klausel

Du siehst, dass beim zweiten Aufruf des *select*-Befehls der Datensatz mit der *id* = 2 fehlt. Er wurde aus der Tabelle entfernt. Wenn du SQLite wieder verlassen möchtest, drücke *Strg-D*. Du siehst dann wieder das "normale" Prompt anstelle des SQLite-Promptes *sqlite>*.
Dies soll als grobe Übersicht für die Handhabung von Datensätzen einer Tabelle genügen. Es gibt massenweise Informationen über weitere Befehle im Internet. Kommen wir nun zum schon erwähnten Datenbank-Administrationstool, das sich *SQLite Data Browser* nennt.

Die Installation von SQLite Data Browser
Über die folgenden Befehlszeilen, installierst du den SQLite Data Browser:

```
# sudo apt-get update
# sudo apt-get install sqlitebrowser
```

Nach der Installation finden wir im Menü der Entwicklungsumgebung des Betriebssystems den Eintrag *SQLiteBrowser*. Ich habe den Browser schon mal gestartet:

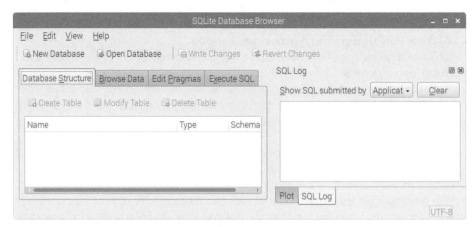

Abbildung 13: Der SQLite-Browser

Öffne doch über das Tool einmal die eben angelegte und modifizierte Datenbankdatei *testdaten.db* mit ihrer Tabelle *messwerte*. Über den Reiter *Database Structure* wird die Struktur bzw. das Schema der Datenbank angezeigt:

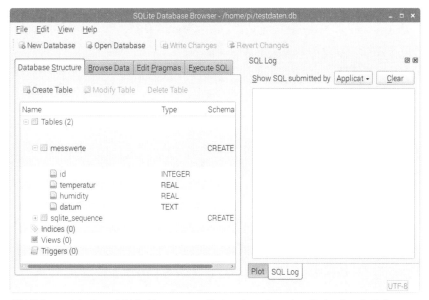

Abbildung 14: Der SQLiteBrowser mit der Anzeige des Datenbank-Schemas

Über den Reiter *Browse Data* kannst du dir alle Datensätze der ausgewählten Tabelle anzeigen lassen:

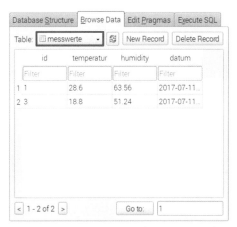

Abbildung 15: Der SQLiteBrowser mit der Anzeige der Tabellendaten

Natürlich kannst du auch eigene SQL-Statements ausführen. Wechsle hierfür zum Reiter *Execute SQL*:

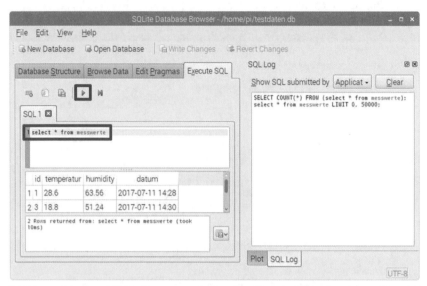

Abbildung 16: Der SQLiteBrowser mit der Anzeige der Tabellendaten über SQL

Im Reiter *SQL* kannst du deine SQL-Abfrage formulieren und über das blaue Dreieck, das wie eine *Start-Taste* ausschaut, absenden. Die entsprechende Rückmeldung der Datenbank wird unterhalb des SQL-Fensters angezeigt. Das sollte als kleine Einführung in das Datenbank-Administrationstool *SQLite-Browser* erst einmal reichen, denn das Thema ist ja die Speicherung unserer Wetterdaten über Node-RED in eine SQLite-Datenbank.

Die SQLite-Node

Zur Speicherung von Daten über Node-RED in eine SQLite-Datenbank gibt es eine interessante Erweiterung, die du wie folgt installieren kannst. Gehe dazu wieder über den Menüpunkt *Manage Palette* von Node-RED und wechsle in den *Install*-Reiter, in dem du den Suchbegriff *sqlite* eingibst:

Abbildung 17: Die Installation der SQLite-Node

Klicke im Anschluss auf die *install*-Schaltfläche. Anschließend ist in der *storage*-Palette die *sqlite*-Node vorhanden:

Wie das Speichern von Daten in die SQLite-Datenbank über diese Node funktioniert, wollen wir uns nun im Folgenden anschauen. Eine wichtige Information zur Handhabung findest du nach dem Anklicken der Node im entsprechenden Informations-Fenster:

Allows basic access to a Sqlite database.

This node uses the **db.all** operation against the configured database. This does allow INSERTS, UPDATES and DELETES. By its very nature it is SQL injection... so be careful out there...

`msg.topic` must hold the *query* for the database, and the result is returned in `msg.payload`.

`msg.payload` can contain an array of values to bind to the topic.

Typically the returned payload will be an array of the result rows, (or an error).

The reconnect timeout in milliseconds can be changed by adding a line to **settings.js**

```
sqliteReconnectTime: 20000,
```

Abbildung 18: Die Informationen zur SQLite-Node

Du erkennst, dass sich im Topic der Nachricht die Query, also das SQL-Statement, für den Datenbankzugriff befinden muss. Dies können wir direkt einmal auf unsere schon erstellte Datenbank *testdaten.db* anwenden. Schicken wir doch eine Abfrage des Tabelleninhaltes von *messwerte* in Richtung Datenbank ab. Wie würde das in Node-RED ausschauen?

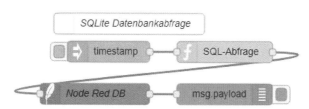

Abbildung 19: Der Flow zur Abfrage der SQLite-Datenbank

Wenn du auf die *inject*-Node klickst, wird der Flow aktiviert und die in der *function*-Node definierte Datenbank-Abfrage in Richtung *sqlite*-Node versendet. Die Antwort von der Node - so ist es dem eben gezeigten Informationsfenster dieser Node zu entnehmen - wird als Payload in *msg.payload* zurückgeliefert. Schauen wir uns die Konfiguration der einzelnen Nodes an, die wirklich einfach ist:

```
1  var newMsg = { "topic": "SELECT * FROM messwerte" };
2  return newMsg;
```

Abbildung 20: Die Konfiguration der function-Node

Du siehst, dass ich einfach eine neue Variable mit dem Namen *newMsg* definiert habe, die eine *topic*-Eigenschaft mit der gezeigten SQL-Abfrage besitzt. Diese Variable wird an die nächste Node, die *sqlite*-Node, weitergeleitet, die wir uns jetzt anschauen:

Abbildung 21: Die Konfiguration der sqlite-Node

Über das *Stift*-Symbol musst du den Pfad zur Datenbankdatei angeben, die sich in meinem Fall ja im Home-Verzeichnis des *pi*-Users befindet. Nach dem Deploy und einem Klick auf die *inject*-Node wird das Ergebnis der Datenbankabfrage im *Debug*-Fenster von Node-RED angezeigt:

11.7.2017, 15:32:18   d6812518.5da258

SELECT * FROM messwerte : msg.payload : array [2]

[{ "id": 1, "temperatur": 28.6, "humidity": 63.56, "datum": "2017-07-11 14:28" }, { "id": 3, "temperatur": 18.8, "humidity": 51.24, "datum": "2017-07-11 14:30" }]

Abbildung 22: Das Ergebnis der Datenbankabfrage im Debug-Fenster

Hierbei handelt es sich um genau die beiden Datensätze, die nach dem Löschen des Datensatzes mit *der id = 2* noch übrig geblieben sind. Das hat also wunderbar funktioniert. Im nächsten Schritt wollen wir natürlich die realen Wetterdaten von *OpenWeatherMap* in unserer SQLite-Datenbank speichern, um sie später auszuwerten. Da wir auf diese Weise jedoch sehr viele Daten erhalten, die für uns nicht gerade informativ sind, entscheide ich mich an dieser Stelle für eine kleinere Liste von Werten. Du kannst natürlich noch Anpassungen nach deinen Wünschen vornehmen, schließlich soll es hier ja lediglich um ein Beispiel gehen, wie die ganze Sache im Grunde funktioniert. Folgende Werte möchte ich in eine SQLite-Datenbank übertragen:

- Id
- aktueller Temperaturwert
- maximal gemessener Temperaturwert
- minimal gemessener Temperaturwert
- Luftfeuchtigkeit
- Windgeschwindigkeit
- Wetter-Informationen
- Wetter-Detailinformationen
- Zeitstempel

Für diese acht Messwerte müssen natürlich entsprechende Spalten in der Datenbank zur Verfügung stehen. Zusätzlich wird eine *Id*-Spalte benötigt. Ich lege jetzt einmal eine entsprechende Tabelle mit dem SQLiteBrowser an, und nicht über textbasierte Terminal-Fenster. Die Datenbankdatei nenne ich *openweathermap.db* und die Tabelle *wetterdaten*. Auch hier kannst du natürlich wieder individuelle Anpassungen vornehmen.

Abbildung 23: Das Anlegen einer neuen Datenbankdatei

Über den Reiter *New Database* legst du eine neue Datenbankdatei an. Im nachfolgenden Dialog-Fenster gibst du den Namen der Datenbankdatei in deinem gewünschten Pfad an und klickst dann auf die *Speichern*-Schaltfläche. Ich habe mich bei der Speicherung wieder für das *Home*-Verzeichnis des *pi*-Users entschieden:

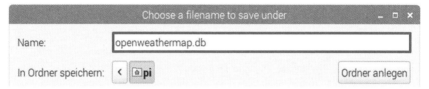

Abbildung 24: Die Vergabe des Namen für die Datenbankdatei

Im nächsten Schritt musst du einen Namen für die Tabelle angeben:

Abbildung 25: Die Angabe eines Namen für die Tabelle

Klicke dann auf die *Add field*-Schaltfläche, damit du auf diesem Weg die gewünschten Spalten hinzufügen kannst, wobei ich mich bei der Benennung der Spalten am Original aus *OpenWeatherMap* orientiert habe:

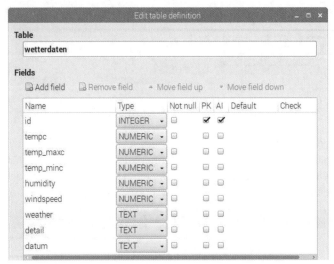

Abbildung 26: Die Benennung der Spalten

Die erste Spalte mit dem Namen *id* nimmt hier wieder die schon beschriebene Sonderrolle des Primary Key ein, der über das Häkchen *PK* gekennzeichnet wird. Außerdem musst du bei *AI,* was die Abkürzung für *Auto-Increment* ist, ein Häkchen setzen. Auch das wurde bereits erläutert. Alle weiteren Spalten legst du so, wie hier auf der Abbildung zu sehen ist, an. Im unteren Teil des Dialogs wird dir ein entsprechendes SQL-Statement angezeigt, das in einem textbasierten zur Erstellung der Tabelle ausgeführt werden kann:

```
CREATE TABLE `wetterdaten` (
        `id`        INTEGER PRIMARY KEY AUTOINCREMENT,
        `tempc`     NUMERIC,
        `temp_maxc`         NUMERIC,
        `temp_minc`         NUMERIC,
        `humidity`  NUMERIC,
        `windspeed`         NUMERIC,
        `weather`   TEXT,
        `detail`    TEXT,
        `datum`     TEXT
);
```

Abbildung 27: Das SQL-Statement zur Erstellung der Tabelle

Auf diese Weise lernst du einiges über SQL-Statements, mit denen ein Datenbankentwickler tagtäglich umzugehen hat. Um die von dir vorgenommenen Anpassungen zu übernehmen, klickst du auf die *OK*-Schaltfläche rechts unten. Doch damit wurde die Tabelle noch nicht in die Datenbank übernommen. Hierzu musst du noch die *Write Changes*-Schaltfläche bemühen:

Abbildung 28: Das endgültige Speichern der Tabelle in der Datenbank

Nun ist alles für Speicherung der Messwerte vorbereitet und wir können uns wieder No-de-RED widmen. Für die eigentliche Realisierung nutzen wir den folgenden Flow:

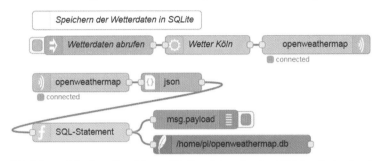

Abbildung 29: Das Speichern Wetterdaten in der SQLite-Datenbank

Der obere Teil des Flow sollte verständlich sein: Er sendet die Wetterdaten an MQTT. Im unteren Teil werden diese Daten aufgrund des gleichen Topics empfangen. Zur Aufbereitung der Daten wird dabei die *json*-Node, die wir bisher noch nicht verwendet haben, genutzt. Diese ist in der *function*-Palette zu finden:

Diese Node wandelt die Nachricht *msg.payload*, die in Form eines JSON-Strings vorliegt, in ein JavaScript-Objekt um. Dabei wird das JSON-Format geparst und auf Gültigkeit überprüft. Der umgekehrte Weg ist ebenfalls möglich, wenn nämlich eine JavaScript-Objekt vorliegt und dieses in einen JSON-String umgewandelt werden soll. Die Node bedarf keiner Konfiguration und die Konvertierung erfolgt automatisch im Hintergrund. Unser Augenmerk liegt jetzt auf der Konfiguration der *function*-Node, die in diesem Flow die Bezeichnung *SQL-Statement* besitzt. Ich habe ihr diesen Namen gegeben, weil sie dynamisch ein SQL-Statement erzeugt, was mithilfe der MQTT-Daten erfolgt. Wenn es darum geht, einen neuen Datensatz in eine Tabelle einzufügen, wird das *INSERT-INTO*-Statement verwendet. Zur Erinnerung:

```
INSERT INTO wetterdaten
        (tempc, temp_maxc, temp_minc, humidity, windspeed,
        weather, detail, datum)
VALUES (17.1,18.9,15.9,100,7.2,'Rain',
        ,Leichte Regenschauer','Wed Jul 12 2017 12:54:00 GMT+0000 (UTC)')
```

Das gezeigte SQL-Statement fügt Daten in unsere Tabelle *wetterdaten* ein. Hinter dem Tabellennamen werden in runden Klammern die erforderlichen Spaltennamen durch Kommata separiert aufgelistet. Die eigentlichen Werte folgen hinter dem Schlüsselwort *VALUES,* ebenfalls in runden Klammern und durch Kommata getrennt. Bei Textfeldern ist zu beachten, dass Werte, die ein Leerzeichen enthalten,   wie das z.B. bei *Leichte Regenschauer* der Fall ist, int einfache Hochkommata eingeschlossen werden. Sehen wir uns jetzt die *function*-Node Konfiguration an:

```
 1  var t_a   = {payload: msg.payload.tempc};
 2  var t_max = {payload: msg.payload.temp_maxc};
 3  var t_min = {payload: msg.payload.temp_minc};
 4  var h     = {payload: msg.payload.humidity};
 5  var ws    = {payload: msg.payload.windspeed};
 6  var w     = {payload: msg.payload.weather};
 7  var d     = {payload: msg.payload.detail};
 8  var tn    = {payload: new Date()};
 9
10▾ var sql = {
11      "payload" : "",
12      "topic" : "INSERT INTO wetterdaten (" +
13      "tempc, temp_maxc, temp_minc, humidity," +
14      "windspeed, weather, detail, datum) " +
15      "VALUES (" +
16      t_a.payload + "," +
17      t_max.payload + "," +
18      t_min.payload + "," +
19      h.payload + "," +
20      ws.payload + "," +
21      "'" + w.payload + "'," +
22      "'" + d.payload + "'," +
23      "'" + tn.payload + "')"
24▴ };
```

Abbildung 30: Die Konfiguration der function-Node

In den Zeilen 1 bis 7 werden die Werte, die MQTT liefert, in die entsprechenden Variablen gespeichert. Der Zeitstempel wird in Zeile 8 mithilfe der *Date*-Funktion ermittelt. Ab Zeile 10 wird zeilenweise die Variable *sql* zusammengesetzt, wobei sich das eigentliche SQL-Statement in der *topic*-Eigenschaft befindet und schrittweise durch die zuvor gespeicherten Variablen generiert wird. Am Ende wird die *sql*-Variable in den Flow eingespeist, der zur *sqlite*-Node führt, und von dieser auf der SQLite-Datenbank ausgeführt wird. Die *sqlite*-Node besitzt nun die folgende Konfiguration, die nicht mehr auf die *testdaten.db* weist, sondern auf *openweathermap.db*.

Abbildung 31: Die Konfiguration der sqlite-Node

Führe durch mehrfache Klicks auf die *inject*-Node die Datenbank-Inserts aus. Du kannst dir das Ergebnis z.B. im Terminal-Fenster ansehen:

```
                              pi@raspberrypi: ~                    _  □  ✕

 Datei  Bearbeiten  Reiter  Hilfe
 pi@raspberrypi:~ $ sqlite3 openweathermap.db
 SQLite version 3.8.7.1 2014-10-29 13:59:56
 Enter ".help" for usage hints.
 sqlite> select * from wetterdaten;
 4|17.3|18.9|15.9|82|5.7|Rain|Heftige Regenschauer|Wed Jul 12 2017 12:22:37 GMT+0000 (UTC)
 5|17.3|18.9|15.9|82|5.7|Rain|Heftige Regenschauer|Wed Jul 12 2017 12:24:31 GMT+0000 (UTC)
 6|17.3|18.9|15.9|82|5.7|Rain|Heftige Regenschauer|Wed Jul 12 2017 12:24:35 GMT+0000 (UTC)
 7|17.3|18.9|15.9|82|5.7|Rain|Heftige Regenschauer|Wed Jul 12 2017 12:24:38 GMT+0000 (UTC)
 8|17.3|18.9|15.9|82|5.7|Rain|Heftige Regenschauer|Wed Jul 12 2017 12:24:40 GMT+0000 (UTC)
 9|17.1|18.9|15.9|100|7.2|Rain|Regenschauer|Wed Jul 12 2017 12:29:48 GMT+0000 (UTC)
 10|17.1|18.9|15.9|100|7.2|Rain|Regenschauer|Wed Jul 12 2017 12:53:54 GMT+0000 (UTC)
 11|17.1|18.9|15.9|100|7.2|Rain|Regenschauer|Wed Jul 12 2017 12:53:54 GMT+0000 (UTC)
 12|17.1|18.9|15.9|100|7.2|Rain|Regenschauer|Wed Jul 12 2017 12:54:00 GMT+0000 (UTC)
 13|17.1|18.9|15.9|100|7.2|Rain|Regenschauer|Wed Jul 12 2017 12:54:00 GMT+0000 (UTC)
 14|13.7|14.9|11.9|82|1|Clouds|Überwiegend bewölkt|Thu Jul 13 2017 07:02:37 GMT+0000 (UTC)
 15|15.3|16.9|14.9|72|1.5|Clouds|Überwiegend bewölkt|Thu Jul 13 2017 08:09:10 GMT+0000 (UTC)
 16|15.3|16.9|14.9|72|1.5|Clouds|Überwiegend bewölkt|Thu Jul 13 2017 08:09:33 GMT+0000 (UTC)
 sqlite> █
```

Abbildung 32: Der Inhalt der wetterdaten- Tabelle nach einigen Inserts

Was nützt uns aber die ganze Speicherung der Wetterdaten in eine Datenbank, wenn wir uns immer - und das recht mühsam in einem Terminal-Fenster - über geeignete *select*-Statements den Datenbestand anzeigen lassen müssen? Es wäre doch sicherlich komfortabel, wenn Node-RED diese Aufgabe übernehmen könnte. Eine spezielle Node hilft dir dabei. In der *dashboard*-Palette zur Visualisierung von Daten im Benutzerinterface ist eine *template*-Node vorhanden:

Ihr kannst du *HTML*-Code übergeben, wie er zum Anzeigen von Internetseiten verwendet wird. Sehen wir uns den folgenden Flow an:

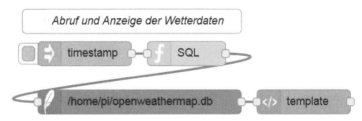

Abbildung 33: Das Abrufen und Anzeigen der Wetterdaten aus der SQLite-Datenbank

• 171

Im Benutzerinterface stellen sich die Wetterdaten dann wie folgt dar:

Index	Temperatur	Temperatur (max)	Temperatur (min)	Datum
0	17.3	18.9	15.9	Wed Jul 12 2017 12:22:37 GMT+0000 (UTC)
1	17.3	18.9	15.9	Wed Jul 12 2017 12:24:31 GMT+0000 (UTC)
2	17.3	18.9	15.9	Wed Jul 12 2017 12:24:35 GMT+0000 (UTC)
3	17.3	18.9	15.9	Wed Jul 12 2017 12:24:38 GMT+0000 (UTC)
4	17.3	18.9	15.9	Wed Jul 12 2017 12:24:40 GMT+0000 (UTC)
5	17.1	18.9	15.9	Wed Jul 12 2017 12:29:48 GMT+0000 (UTC)
6	17.1	18.9	15.9	Wed Jul 12 2017 12:53:54 GMT+0000 (UTC)
7	17.1	18.9	15.9	Wed Jul 12 2017 12:53:54 GMT+0000 (UTC)
8	17.1	18.9	15.9	Wed Jul 12 2017 12:54:00 GMT+0000 (UTC)
9	17.1	18.9	15.9	Wed Jul 12 2017 12:54:00 GMT+0000 (UTC)
10	13.7	14.9	11.9	Thu Jul 13 2017 07:02:37 GMT+0000 (UTC)
11	15.3	16.9	14.9	Thu Jul 13 2017 08:09:10 GMT+0000 (UTC)
12	15.3	16.9	14.9	Thu Jul 13 2017 08:09:33 GMT+0000 (UTC)
13	15.7	16.9	14.9	Thu Jul 13 2017 08:33:55 GMT+0000 (UTC)

Abbildung 34: Die Tabelle der Wetterdaten aus der SQLite-Datenbank

Wie du siehst, werden hier alle in der SQLite-Datenbank enthaltenen Datensätze in Form einer Tabelle angezeigt, wobei ich mich jedoch auf einige Spalten für die Temperatur beschränkt habe. Falls die Tabelle in ihrer Dimensionierung im Benutzerinterface etwas zu klein sein sollte, kannst du sie im *Dashboard*-Tab unter dem *Site*-Tab anpassen:

Abbildung 35: Die Konfiguration der Site des Dashboards

Doch zurück zur Tabelle im Benutzerinterface. Wie kannst du diese Anzeige generieren? Klar, durch den gerade gezeigten Flow. Doch wie schaut die Konfiguration dazu aus? Das schauen wir uns jetzt an:

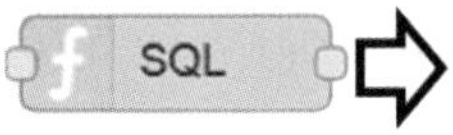

```
1  msg.topic = "select tempc, " +
2      "temp_maxc, temp_minc, " +
3      "datum from wetterdaten";
4  return msg;
```

Abbildung 36: Die Konfiguration der function-Node

In dieser Node wird das SQL-Statement zur Ausführung in der nachfolgenden *sqlite*-Node wieder in der *topic*-Eigenschaft untergebracht und dabei werden die folgenden Spalten abgefragt:

- tempc
- temp_maxc
- temp_minc
- datum

Die Konfiguration der nachfolgenden *sqlite*-Node ist unverändert und weist wieder auf die *openweathermap*-Datenbank. Wichtig ist jetzt die Konfiguration der *template*-Node:

```
1 ▾ <table style="width:100%">
2 ▾   <tr>
3       <th>Index</th>
4       <th>Temperatur</th>
5       <th>Temperatur (max)</th>
6       <th>Temperatur (min)</th>
7       <th>Datum</th>
8 ▴   </tr>
9 ▾   <tr ng-repeat="x in msg.payload | limitTo:20">
10      <td>{{$index}}</td>
11      <td>{{msg.payload[$index].tempc}}</td>
12      <td>{{msg.payload[$index].temp_maxc}}</td>
13      <td>{{msg.payload[$index].temp_minc}}</td>
14      <td>{{msg.payload[$index].datum}}</td>
15 ▴   </tr>
16 ▴ </table>
```

Abbildung 37: Die Konfiguration der template-Node

An dieser Stelle haben wir es mit purem HTML-Code zu tun. Er weist die allgemeine Struktur für den Aufbau einer Tabelle in HTML auf. Diese Struktur sieht folgendermaßen aus:

Abbildung 38: Der grundlegende Aufbau einer HTML-Tabelle

Was bedeuten die einzelnen HTML-Tags, die in eckigen Klammern eingeschlossen sind. Die folgende Tabelle gibt Aufschluss darüber:

HTML-Tag	Bedeutung
<table>...</table>	Dieses Element repräsentiert eine Tabelle.
<tr>...</tr>	Dieses Element repräsentiert eine Tabellenzeile (Table-Row).
<th>...</th>	Dieses Element definiert eine Kopfzelle (Table-Header).
<td>...</td>	Dieses Element definiert eine Zelle eines *table*-Elements (Table-Data).

Tabelle 3: Die Bedeutung der HTML-Tags

Wie aber werden die einzelnen Datensätze aus der Datenbank in HTML dargestellt, wenn doch immer unterschiedliche Mengen an Daten vorliegen können? Zu diesem Zweck wird die *ng-repeat*-Direktive verwendet, die so lange durchlaufen wird, wie die Payload Daten zur Verfügung stellt, was natürlich von der davorliegenden *sqlite*-Node übernommen wird. Die *index*-Variable dient dabei als Zeiger auf das Array *msg.payload[]*. Die Inhalte werden dann über die Eigenschaften *tempc*, *temp_maxc*, *temp_minc* und *datum* abgerufen und angezeigt. Nähere Informationen zu dieser Technik findest du z.B. unter der folgenden Internetadresse:

https://www.w3schools.com/angular/ng_ng-repeat.asp

Eine Tabelle zeigt wunderbar die gespeicherten Daten, doch diese zu interpretieren, ist aufgrund der langen Zahlenkolonnen nicht gerade einfach. Eine grafische Darstellung würde da sicherlich helfen. Aus diesem Grund werden wir im nachfolgenden Hack eine Node aus dem Dashboard bemühen. Die *chart*-Node ist dazu bestens geeignet.

Was hast du gelernt

In diesem Hack hast du einiges über die Speicherung von Informationen in Datenbanken erfahren. Wir haben die SQLite-Datenbank kennengelernt. Es handelt sich dabei um ein relationales Datenbank-System. Sie ist vor allem für den Einsatz in Embedded-Systemen ausgelegt. Es wird dabei keine Client/Server-Umgebung benötigt, was bedeutet, dass das Datenbank-Management-System - kurz *DBMS* genannt- klein und effizient ist. Wir haben SQLite auf dem Raspberry Pi installiert und dort ebenfalls das Datenbank-Administrationstool SQLiteBrowser zur Ausführung gebracht, was eine Vereinfachung der Handhabung der SQLite-Datenbank zur Folge hatte. Am Ende des Hacks haben wir die gespeicherten Informationen aus der Datenbank ausgelesen und in einer HTML-Tabelle angezeigt.

Hack 10 • Die Visualisierung von SQLite-Daten

Wie ich bereits erwähnt habe, ist es recht mühsam und für das Auge nicht sofort zu erfassen, wie Zahlenkolonnen in einer Tabelle zu interpretieren sind. Zeitliche Verläufe bzw. Trends sind nur schwer auszumachen. Hier könnte nun der Einsatz einer Grafik sicherlich hilfreich sein. Die *chart*-Node aus dem Dashboard hast du schon kennengelernt. Wir wollen sie in diesem Hack dazu nutzen, Daten aus der SQLite-Datenbank anzuzeigen, und erläutern, was dabei zu beachten ist. Fangen wir ganz einfach und recht statisch an. Nehmen wir einmal an, es lägen die folgenden vier Messwerte inklusive Zeitstempel vor und wir möchten diese in der *chart*-Node anzeigen, wobei ich für den Zeitstempel diesmal ein anderes Format verwende, auf das ich natürlich gleich noch eingehen werde:

Zeitstempel	Temperaturwert
1481062504616	8,5
1481064304682	21,9
1481065207384	12,3
1481066104835	32,2

Tabelle 1: Messwerte

Der Zeitstempel wird nun nicht als direkt abzulesender Datum/Zeit-Wert gespeichert, sondern in der Form eines Ganzzahlwertes, der die Millisekunden zwischen Mitternacht des 1.1.1970 und dem festgelegten Datum angibt. Dieser Zeitstempel wird über die *getTime*-Methode ermittelt. Hier ein Beispiel für den Einsatz dieser Variante:

```
var d = new Date();
var m = d.getTime();
```

In der Variablen wird dann der Millisekundenwert gespeichert. Schauen wir uns zunächst den Flow an, der die *chart*-Node mit Daten versorgt:

Abbildung 1: Der Flow zur Anzeige der Messwerte über die chart-Node

Beginnen wir nun mit der Übergabe der Zeitstempel bzw. Messwerte an die *chart*-Node. Diese erfolgt über sogenannte *Key/Value*-Paare, wie ich sie im folgenden Beispiel genutzt habe, bei dem ich die Zeitstempel und Messwerte aus der gezeigten Tabelle übernommen habe:

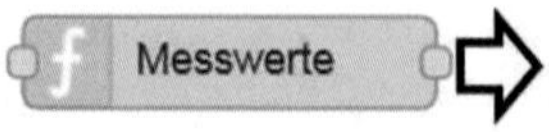

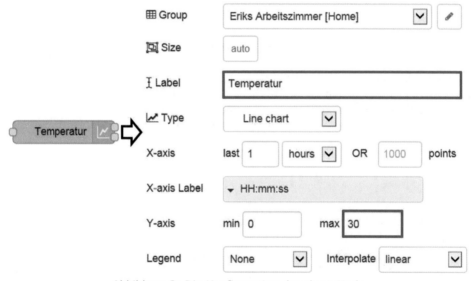

```
 1   var newMsg = {};
 2 ▾ newMsg.payload = [{
 3       "key": "Temperature",
 4 ▾     "values": [
 5           [1481062504616,  8.5],
 6           [1481064304682, 21.9],
 7           [1481065207384, 12.3],
 8           [1481066104835, 32,2]
 9 ▴     ]
10 ▴ }];
11   msg = newMsg;
12   return msg;
```

Abbildung 2: Die Konfiguration der function-Node

In *key* habe ich die Tabellenbezeichnung hinterlegt. Bei *values* handelt es sich um es sich um ein Array, in dem ich die Zeitstempel mit den Messwerten gespeichert habe. Die *chart*-Node habe ich dabei wie folgt konfiguriert, wobei ich lediglich den Namen und den Maximalwert für Y-Axis angepasst habe. Bei höheren Temperaturwerten musst du den Maximalwert natürlich nach oben korrigieren:

Abbildung 3: Die Konfiguration der chart-Node

Wenn du auf die *inject*-Node klickst und dir das Ergebnis im Benutzerinterface anschaust, erhältst du die folgende Anzeige, wobei ich mit der Maus über einen Messwert gefahren bin, so dass dort über einen sogenannten *Tooltip* Detailinformationen wie Zeitstempel und Messwert angezeigt werden:

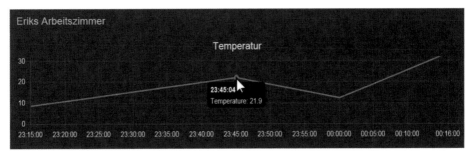

Abbildung 4: Die Anzeige der Messwerte im Benutzerinterface

Wie du siehst, wurde der Zeitstempel in einen für den Menschen direkt ablesbaren und verständlichen Zeitwert umgerechnet. Du fragst dich jetzt vielleicht, wie das denn mit den Messwerten in unserer SQLite-Datenbank funktionieren soll, denn die müssen ja abgerufen und in der *function*-Node irgendwie übernommen werden. Wie das funktioniert, schauen wir uns nun an. Die bisherige Konfiguration der *function*-Node bewirkte ja eine recht statische und unveränderliche Anzeige der fiktiven Temperaturwerte:

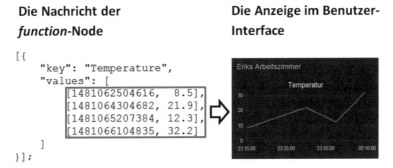

Abbildung 5: Die Nachricht für die chart-Node

Die erste Eigenschaft mit dem Namen *key* bezeichnet die Tabelle und liefert quasi eine Beschreibung der Daten. Die Werte, die für die Generierung der Kurve im Chart verantwortlich sind, habe ich mit einem roten Rahmen markiert. Es handelt sich um die Eigenschaft bzw. das Array mit dem Namen *values*, das wiederum Arrays enthält, in denen die eigentlichen Daten enthalten sind. Diesen Teil müssen wir gleich so ändern, dass dort die Werte aus der Datenbank eingefügt werden. Schauen wir uns zunächst den kompletten Flow an:

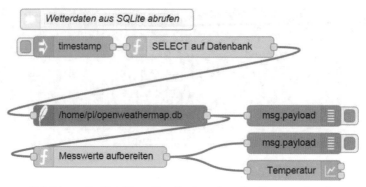

*Abbildung 6: Der Flow für die Anzeige der Temperatur im
Chart aus der SQLite-Datenbank*

Die Abfrage der Wetterdaten aus der SQLite-Datenbank erfolgt wieder über ein entsprechendes SELECT-Statement, ausgelöst über einen manuellen Mausklick auf die *inject*-Node. Das kannst du natürlich später automatisiert in regelmäßigen Abständen ausführen lassen. Darauf werde ich gleich noch einmal darauf zu sprechen kommen. Das SELECT-Statement sieht wie folgt aus und sollte mittlerweile keiner Erläuterung mehr bedürfen:

```
1▾ var sql = {
2        "payload" : "",
3        "topic" : "SELECT datum, tempc FROM wetterdaten;"
4▴ };
5   return sql;
```

Abbildung 7: Die Konfiguration der ersten function-Node

Die Konfiguration der *sqlite*-Node ist unverändert im Vergleich zu der aus dem letzten Hack. Interessant ist nun die Konfiguration der zweiten *function*-Node, die die Messwerte in dem für das Chart richtigen Format zusammenstellt.

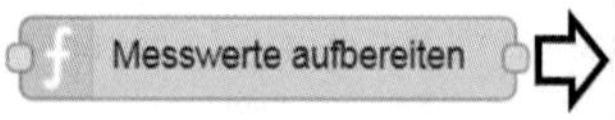

```
1   var newMsg = {};
2▾ newMsg.payload = [{
3        key: "Temperature",
4        values: []
5▴ }];
6▾ for(i = 0; i < msg.payload.length; i++) {
7        newMsg.payload[0].values.push(
8            [parseInt(msg.payload[i].datum),
9             msg.payload[i].tempc]);
10▴ }
11   msg = newMsg;
12   return msg;
```

Abbildung 8: Die Konfiguration der zweiten function-Node

Wie funktioniert das Ganze aber? Nun, im ersten Schritt definieren wir in Zeile 1 eine neue Variable mit dem Namen *newMsg*, die Chart-Informationen respektive die Messwerte aufnehmen soll. In den Zeilen 2 bis 5 bereiten wir die Grundstruktur, also die Eigenschaften *key* bzw. *values* vor, wobei das *values*-Array noch keine Daten enthält. Diese werden erst später durch die Payload-Nachrichten, die die vorherige *sqlite*-Node liefert, eingefügt. Über eine *for*-Schleife in Zeile 6 werden die betreffenden Daten nacheinander aufgerufen, wobei die Anzahl des Schleifendurchlaufs von der Anzahl der Elemente der Nachricht abhängt, die wiederum über die *length*-Eigenschaft von *msg.payload* bestimmt wird. Die Laufvariable *i* wird bei der Adressierung des Payload-Arrays herangezogen und schrittweise bei jedem neuen Schleifendurchlauf um den Wert 1 erhöht. Mit der Zeile

```
msg.payload[i].datum, msg.payload[i].tempc
```

werden die Werte des Zeitstempels bzw. des Temperaturwertes abgerufen. Damit diese aber in Gänze dem *values*-Array hinzugefügt werden können, nutzen wir die *push*-Methode, die einem Array ein neues Element hinzufügt:

```
newMsg.payload[0].values.push(...)
```

Vielleicht fragst du dich, warum hinter *payload* der Index-Wert 0 aufgeführt ist. Die Variable *newMsg* enthält das *payload*-Array, das mehrere Elemente dieser Art aufnehmen kann. Über den Index-Wert 0 wird das erste Element angesprochen. Die Funktion *parseInt* in Zeile 8 versucht eine Zeichenkette in einen Integerwert umzuwandeln, denn der Zeitstempel wird von dem Chart in dieser Form erwartet. Du kannst das umgehen, indem du der Tabellenspalte *datum* statt des Datentyps *TEXT* den Typ *NUMERIC* zuweist. Vielleicht fragst du dich, warum ich die *debug*-Nodes an den jeweiligen Stellen platziert habe. Dies diente nur zur Überprüfung der abgerufenen Werte aus der SQLite-Datenbank und der übermittelten Werten an das Chart. Hier ein entsprechendes Beispiel:

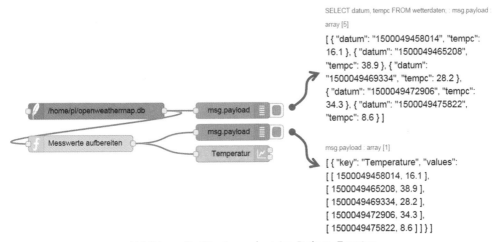

Abbildung 9: Die Ausgaben im Debug-Fenster

Du kannst auf diese Weise wunderbar überprüfen, ob die Daten korrekt umgewandelt wurden. Dies ist gerade für die Fehlersuche, also wenn etwas nicht so angezeigt wird, wie du es beabsichtigt hast, eine geniale Technik. Was musst du ändern, wenn du zusätzlich zur Temperatur noch die Feuchtigkeit in einem Chart anzeigen möchtest? Der Flow sieht dann wie folgt aus:

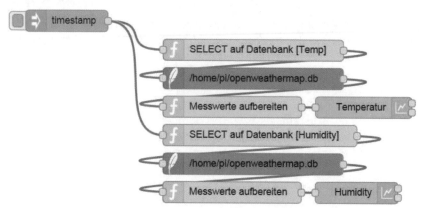

*Abbildung 10: Der Flow für die Anzeige der Temperatur
und der Feuchtigkeit in zwei Charts*

Ich möchte, dass du an dieser Stelle selbst in Aktion trittst und den Flow bzw. die Datenbankabfrage selbstständig anpasst. Das dürfte nicht allzu schwierig sein. Die Anzeige im
Benutzerinterface sieht dann folgendermaßen aus:

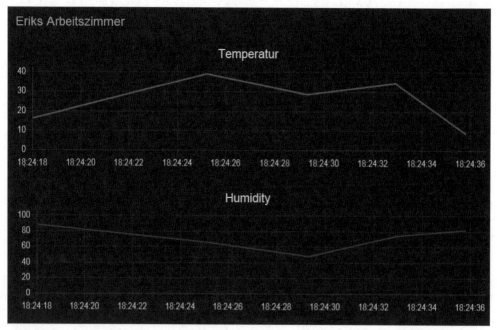

Abbildung 11: Die Anzeige der Temperatur und der Luftfeuchtigkeit im Benutzerinterface

Auf diese Weise kannst du umfangreiche Charts in einem Benutzerinterface platzieren,
und du wirst außerdem immer mit den passenden Daten, die dich interessieren, versorgt.
In diesem Hack haben wir MQTT außen vorgelassen und die Datenbank direkt abgefragt.
Ändere doch deinen Flow so ab, dass MQTT wieder mit einbezogen wird. Die Kenntnisse zur
Umsetzung solltest du mittlerweile besitzen. Damit bei der Datenbankabfrage nicht immer

ein manueller Mausklick deinerseits erforderlich ist, sollen an dieser Stelle noch ein paar Möglichkeiten aufgezeigt werden, diese automatisiert durchführen zu lassen. Die *inject*-Node ist da recht flexibel. Das Intervall hast du schon kennengelernt, doch es gibt noch zwei weitere Repeat-Optionen:

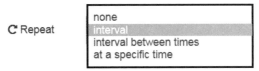

Abbildung 12: Die Repeat-Optionen der inject-Node

Die Option *interval between times* gibt dir die Möglichkeit, innerhalb einer definierten Zeit mit Anfang und Ende - hier zwischen 10:00 Uhr und 23:00 Uhr - in einem festgelegten Intervall - hier alle 10 Minuten - an bestimmten Tagen in der Woche - hier Montag, Donnerstag, Freitag, Samstag und Sonntag - den Flow zu starten.

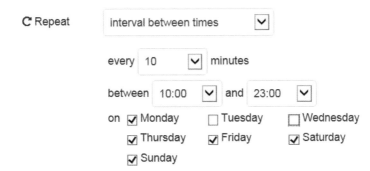

Abbildung 13: Die Repeat-Option "interval between times" der inject-Node

Um die Ausführung zu einem bestimmten Zeitpunkt an einem oder mehreren Tagen in der Woche zu starten, wählst du die Option *at a specific time*.

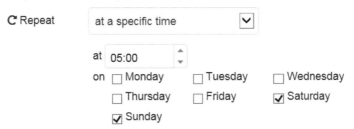

Abbildung 14: Die Repeat-Option "at a specific time" der inject-Node

Mit meiner Konfiguration startest du den Flow um 5:00 Uhr nur am Wochenende, also Samstag und Sonntag. Mithilfe dieser Optionen werden nahezu alle Anforderungen an eine zeitgemäße Steuerung abgedeckt.

Was hast du gelernt

In diesem Hack hast du Daten aus der SQLite-Datenbank abgerufen und in Charts angezeigt. Du hast die Technik zur Erweiterung eines Arrays kennengelernt und darüber dynamisch die Daten für die Anzeige in einem Chart generiert.

Hack 11 • Der Ultraschallsensor

Was fällt dir zum Thema Ultraschall spontan ein? Ich musste direkt an Fledermäuse denken, die mit Hilfe eines hochfrequenten Signals beim Fliegen navigieren oder auch Beutetiere wie Insekten fangen. Der Ultraschall liegt oberhalb des menschlichen Hörfrequenzbereichs und beginnt ab circa 16KHz. Die Fledermäuse senden ein Signal aus und analysieren das zurückgeworfene Echo, so dass sie auf Größe und Entfernung beispielsweise einer Fliege schließen können. Die Stärke des reflektierten Signals ist gleichbedeutend mit der Größe des Objekts, das als Ziel erkannt wurde, und die Laufzeit des Schalls ist ein direktes Maß für die Entfernung des Objekts. In ähnlicher Weise arbeitet unser Ultraschall-Sensor, den wir im folgenden Experiment einsetzen wollen. Es gibt im Hobbybereich eine große Anzahl von Modulen, die in ähnlicher Weise arbeiten. In der folgenden Abbildung sehen wir drei unterschiedliche Sensoren:

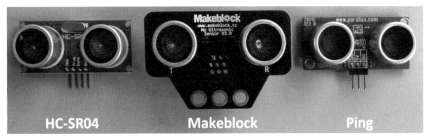

Abbildung 1: Verschiedene Ultraschall-Sensoren

Der günstigste Ultraschall-Sensor ist der HC-SR04, der im Arduino-Umfeld sehr verbreitet ist und im 5er-Pack für ungefähr 7€ erworben werden kann. Es handelt sich also um eine sehr kostengünstige Variante, im Gegensatz zum Ping von *Parallax*, der mit über 30€ pro Stück zu Buche schlägt. Der Sensor von Makeblock ist aufgrund des RJ-25-Anschlusses speziell für Produkte von Makeblock vorgesehen, kann aber auch über kleine Buchsen mithilfe von Patchkabeln ganz normal verwendet werden. Dieser Sensor gleicht dem von Parallax, ist aber preislich um einiges günstiger.

Jeder Ultraschall-Sensor verfügt in der Regel über zwei kleine zylinderförmige Röhren auf einer kleinen Platine. Es handelt sich um den Sender und den Empfänger. Sehen wir uns das Funktionsprinzip in der folgenden Abbildung genauer an.

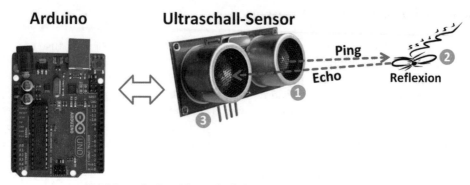

Abbildung 2: Der Ultraschall-Sensor HC-SR04in Funktion

Das Sende-Modul sendet ein Signal (1), das von der Fliege reflektiert (2) wird und als Echo (3) vom Empfangs-Modul aufgenommen wird. Die Entfernung zum Objekt wird nicht anhand der reflektierten Intensität des Signals gemessen, sondern anhand einer Laufzeitmessung des Schalls. Für die Programmierung sind die nachfolgenden Informationen durchaus wichtig.

Welche Bauteile benötigst du?
Für diesen Hack benötigst du die folgenden Bauteile:

Ultraschall-Sensor 1x (HC-SR04)	
Funk-Sendemodul *FS1000A* 1x	
Funkschalter (auf der Basis von 433MHz) 1x	

Tabelle 1: Bauteilliste

Der Ultraschall-Sensor HC-SR04 im Detail

Der Ultraschall-Sensor HC-SR04 hat für die Entfernung einen Messbereich von 2 Zentimeter bis 3 Meter und eine Auflösung von ungefähr 3 Millimeter, was schon recht genau und für unsere Belange ausreichend ist. Das Modul besitzt die folgenden vier Anschlüsse:

- Vcc mit +5V (Versorgungsspannung)
- GND (Masse)
- Trig (Trigger)
- Echo

Damit der Sensor seine Messung beginnen kann, wird der Trigger-Eingang einem LOW/HIGH/LOW-Pegelwechsel ausgesetzt, wobei der HIGH-Pegel für mindestens 10µs anliegen muss. Wir werden gleich noch genauer darauf zu sprechen kommen. Sehen wir uns den Ultraschall-Sensor aus der Nähe an:

Abbildung 3: Der Ultraschallsensor HC-SR04

Er besitzt vier Anschlusspins, von denen zwei für die Spannungsversorgung (Vcc und GND) zuständig sind. Die anderen beiden (Trig und Echo) sind für die Signalübertragung verantwortlich. Der Anschluss ist wirklich kinderleicht und sieht wie in der nachfolgenden Abbildung aus.

Der Schaltplan

Der Schaltplan zeigt uns hier die Verbindung des Ultraschall-Sensors mit einem Arduino-Board.

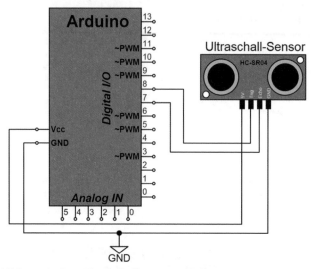

Abbildung 4: Der Ultraschallsensor HC-SR04 am Arduino-Board

Kommen wir zum Basis-Sketch, der die Entfernung zu einem Objekt vor dem Ultraschall-Sensor misst.

Der Arduino-Sketch

```
#define echoPin 7 // Echo Pin
#define trigPin 8 // Trigger Pin
#define MIN      0 // Minimal-Entfernung
#define MAX      80 // Maximal-Entfernung

int getPing(int minV, int maxV) {
  long entfernung = 0, zeit = 0;
  digitalWrite(trigPin, LOW);
  delayMicroseconds(3);
  digitalWrite(trigPin, HIGH); // Trigger Impuls 10 µs
  delayMicroseconds(10);
  digitalWrite(trigPin, LOW);
  zeit = pulseIn(echoPin, HIGH); // Die Echo-Zeit messen
  zeit = (zeit/2);               // Die Zeit halbieren
  entfernung = zeit / 29.1;      // Die Zeit in Zentimeter umrechnen
  if((entfernung < minV) or (entfernung > maxV)) entfernung = -1;
  return entfernung;             // Entfernung zurückgeben
}

void setup() {
  Serial.begin(9600);
  pinMode(trigPin, OUTPUT);
  pinMode(echoPin, INPUT);
```

```
}

void loop() {
  Serial.println(getPing(MIN, MAX));
  delay(50);
}
```

Die folgenden Befehle bewirken den Pegelwechsel am Trigger-Pin, den ich kurz vorher schon erwähnt habe und der für die Entfernungsmessung erforderlich ist:

```
digitalWrite(TRIGPIN, LOW);   // Trigger-Pegel LOW
delayMicroseconds(3);         // 3 µs warten
digitalWrite(TRIGPIN, HIGH);  // Trigger Impuls HIGH 10 µs
delayMicroseconds(10);        // 10 µs warten
digitalWrite(TRIGPIN, LOW);   // Trigger-Pegel LOW
```

Im Anschluss wird ein Signal vom Sende-Modul (1) gesendet. Im Anschluss wechselt der Pegel des Echo-Pins zu einem HIGH-Pegel und wartet auf das Echo-Signal über das Empfangs-Modul (3). Wenn ein Echo-Signal erkannt wird, fällt der Pegel des Echo-Pins wieder auf einen LOW-Pegel und die Zeitmessung ist damit abgeschlossen. Aufgrund der Zeitdifferenz zwischen HIGH- und LOW-Pegel kann auf die Entfernung zum Messobjekt geschlossen werden. In der folgenden Grafik siehst du den zeitlichen Verlauf des Impulses:

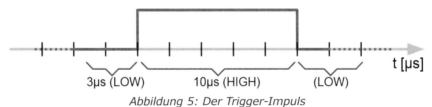

Abbildung 5: Der Trigger-Impuls

Um jetzt auf die Entfernung schließen zu können, nutzen wir die Tatsache, dass die Geschwindigkeit des Schalls in der umgebenden Luft bei 20⁰ Celsius bekannt ist und 343m/s beträgt. Der Einfachheit halber rechnen wir mit einem Wert von 340m/s. Da wir uns im Zentimeterbereich bewegen, rechnen wir den Wert entsprechend um:

$$1s \triangleq 340m$$

$$1s \triangleq 34000cm$$

Um jetzt auf die Zeit zu schließen, die vergeht, bis die Wegstrecke von einem Zentimeter zurückgelegt wurde, müssen wir 1s durch 34000 dividieren.

$$\frac{1s}{34000} = 29{,}411 \cdot 10^{-6}s = 29{,}411\mu s$$

Über die serielle Schnittstelle kannst du jetzt den Entfernungswert in Richtung Node-RED abschicken und dort auswerten. Kommen wir zu dem Problem, dass das Arduino-Uno-Board standardmäßig nicht über eine Möglichkeit der Anbindung an ein Netzwerk - sei es über LAN oder WLAN - verfügt. Sehen wir uns dazu ein paar Lösungen an.

Das Ethernet-Shield

Für das Arduino-Board gibt es ja bekanntlich eine Unmenge an Erweiterungsplatinen, die *Shields* genannt werden. Ein Erweiterungs-Board, das einem Arduino-Uno den Zutritt zum Netzwerk ermöglicht, ist das *Ethernet-Shield*:

Abbildung 6: Das Ethernet-Shield

Dieses Shield wird einfach oben auf den Arduino-Uno aufgesteckt, wobei die Kontakte über die Header-Buchsen des Arduino-Boards hergestellt werden. Im Endeffekt sieht die Kombination der beiden Boards wie folgt aus:

Abbildung 7: Das Arduino-Board mit dem Ethernet-Shield

Wie du in der Abbildung siehst, ist das rote Kabel ein Netzwerkkabel, das mit deinem Router verbunden werden kann. Bevor wir uns dem eigentlichen Sinn dieses Hacks widmen, also dem Versenden eines Entfernungswertes vom Ultraschall-Sensor, schauen wir uns den Code zur Ansteuerung des Ethernet-Shields an.

Der Ethernet-Sketch-Code

Der folgende Code gilt:

```
#include <Ethernet.h>

byte MACAddress[] = {0xDE, 0xAD, 0xBE, 0xEF, 0xFE, 0xED}; // MAC-Adresse
EthernetClient client;

void setup() {
  Serial.begin(9600);
  if(Ethernet.begin(MACAddress) == 0) {
    Serial.println("DHCP-Error!");
    // Endlosschleife
    for (;;);
  }
  showIPAddress();
}

void loop() {

}

void showIPAddress() {
  Serial.print("Meine IP-Adresse lautet: ");
  for(byte ipByte = 0; ipByte < 4; ipByte++) {
    Serial.print(Ethernet.localIP()[ipByte], DEC);
    if(ipByte < 3) Serial.print(".");
  }
}
```

Bei einer erfolgreichen Zuweisung einer IP-Adresse vom Router sollte dir diese angezeigt werden:

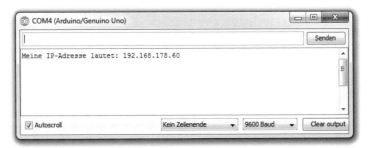

Abbildung 8: Die IP-Adresse des Ethernet-Shields

Das hat schon mal funktioniert. Also steht dem Versenden von Daten an den Router bzw. an Node-RED bzw. den MQTT-Server nichts mehr im Wege.

Der Anschluss des Ultraschall-Sensors

Gehen wir im nächsten Schritt den Anschluss des Ultraschall-Sensors am Arduino-Board an. Ich habe dazu ein weiteres Shield verwendet, das für kleine Schaltungen sehr gut geeignet ist. Es nennt sich Proto-Shield und wird natürlich ebenfalls auf das Arduino-Board aufgesteckt. Doch halt! Da steckt schon das Ethernet-Shield. Das ist aber kein Problem, denn die meisten Shields sind stapelbar und können wie bei einem Sandwich übereinander gesteckt werden, wie du das in der folgenden Abbildung gut erkennen kannst:

Abbildung 9: Das Arduino/Ethernet-Shield/Proto-Shield-Sandwich

Nun ist hardwaretechnisch gesehen alles vorbereitet und wir können uns der Programmierung mittels eines geeigneten Sketches zuwenden, der den Messwert ins Netzwerk einspeist.

Der fertige Arduino-Sketch

Da der komplette Sketch etwas umfangreich ist, teile ich ihn in einzelne Gruppen, die ich separat erläutere.

Initialisierungen:

Zu Beginn erfolgen die Initialisierungen der Variablen bzw. Objekte:

```
#include <Ethernet.h>
#include <PubSubClient.h>

#define echoPin 7 // Echo Pin
#define trigPin 8 // Trigger Pin
#define MIN     0 // Minimal-Entfernung
#define MAX     80 // Maximal-Entfernung

byte MACAddress[] = {0xDE, 0xAD, 0xBE, 0xEF, 0xFE, 0xED}; // MAC-Adresse
EthernetClient client;
PubSubClient pubsubClient(client);
const char* mqtt_server = "192.168.178.52";
```

```
long lastMsg = 0; // Wird für Timersteuerung benötigt
char msg[50];     // Zu versendende Nachricht
```

Die setup-Funktion

In der *setup*-Funktion erfolgt die schon eben erwähnte Initialisierung der Ethernet-Verbindung bzw. das Anzeigen der erhaltenen IP-Adresse. Hinzugefügt habe ich die Initialisierung des Ultraschall-Sensors hinsichtlich des Trigger- bzw. Echo-Pins. Abschließend erfolgt die Initialisierung des PubSub-Clients:

```
void setup() {
  Serial.begin(9600);
  if(Ethernet.begin(MACAddress) == 0) {
    Serial.println("DHCP-Error!");
    // Endlosschleife
    for(;;);
  }
  showIPAddress();
  pinMode(trigPin, OUTPUT);
  pinMode(echoPin, INPUT);
  pubsubClient.setServer(mqtt_server, 1883);
  pubsubClient.setCallback(callback);
}
```

Die loop-Funktion

Innerhalb der *loop*-Funktion erfolgt das regelmäßige Abfragen des Verbindungsstatus zum PubSub-Client mit einer eventuellen Neuverbindung. Über eine Timer-Schleife wird in Intervallen von 500ms der Sensorwert ermittelt und an den MQTT-Server über einen Publish mit angegebenem Topic versendet.

```
void loop() {
  if(!pubsubClient.connected()) {
    reconnect();
  }
  pubsubClient.loop();
  int dist = getPing(0, 80);
  long now = millis();
  if(now - lastMsg > 500) {
    lastMsg = now;
    Serial.print("Publish message: ");
    dtostrf(dist, 1, 0, msg);
    Serial.println(msg);
    pubsubClient.publish("Wohnhaus/Arbeitszimmer/arduino1/
ultraschallsensor", msg);
  }
}
```

Zu erwähnen ist sicherlich noch die *dtostrf*-Funktion, die einen Integerwert in ein char-Array konvertiert, das für die *publish*-Methode zwingend erforderlich ist.

Die reconnect-Function

Die *reconnect*-Funktion wird bei einer erneuten Verbindungsaufnahme ausgerufen und ist quasi unverändert im Vergleich zu der im Funkfernsteuerungs-Hack.

```
void reconnect() {
  // Loop until we're reconnected
  while(!pubsubClient.connected()) {
    Serial.print("Attempting MQTT connection...");
    // Create a random client ID
    String clientId = "ESP8266Client-";
    clientId += String(random(0xffff), HEX);
    // Attempt to connect
    if(pubsubClient.connect(clientId.c_str())) {
      Serial.println("connected");
      delay(500);
    } else {
      Serial.print("failed, rc=");
      Serial.print(pubsubClient.state());
      Serial.println(" try again in 5 seconds");
      // Wait 5 seconds before retrying
      delay(5000);
    }
  }
}
```

Die callback-Funktion

Die *callback*-Funktion ist für uns erst einmal ohne weitere Bedeutung, denn wir möchten noch keine Informationen vom MQTT-Server empfangen. Sie enthält demnach auch keine Subscribe-Informationen. Das wird sich aber gleich ändern:

```
void callback(char* topic, byte* payload, unsigned int length) {
  String msg;
  Serial.print("Message arrived [");
  Serial.print(topic);
  Serial.print("] ");
  for(int i = 0; i < length; i++) {
    Serial.print((char)payload[i]);
    msg += (char)payload[i];
  }
  Serial.println(msg);
  Serial.println(String(topic));
}
```

Die showIPAddress-Funktion

Die *showIPAddress*-Funktion bleibt unverändert. Ich habe sie lediglich der Vollständigkeit halber aufgeführt. Sie zeigt die vom Router vergebene IP-Adresse an:

```
void showIPAddress() {
  Serial.print("Meine IP-Adresse lautet: ");
  for(byte ipByte = 0; ipByte < 4; ipByte++) {
    Serial.print(Ethernet.localIP()[ipByte], DEC);
    if(ipByte < 3) Serial.print(".");
  }
}
```

Die getPing-Funktion

Die *getPing*-Funktion wird ebenfalls unverändert übernommen und ist ebenfalls zur Einhaltung der Sketch-Konsistenz hier aufgeführt. Sie ruft den Entfernungswert des Ultraschall-Sensors ab:

```
int getPing(int minV, int maxV) {
  long entfernung = 0, zeit = 0;
  digitalWrite(trigPin, LOW);
  delayMicroseconds(3);
  digitalWrite(trigPin, HIGH); // Trigger Impuls 10 µs
  delayMicroseconds(10);
  digitalWrite(trigPin, LOW);
  zeit = pulseIn(echoPin, HIGH); // Die Echo-Zeit messen
  zeit = (zeit/2);               // Die Zeit halbieren
  entfernung = zeit / 29.1;      // Die Zeit in Zentimeter umrechnen
  if((entfernung < minV) or (entfernung > maxV)) entfernung = -1;
  return entfernung;             // Entfernung zurückgeben
}
```

Zum Testen kannst du dann über den folgenden Flow die Messwerte in Node-RED in einem Debug-Fenster anzeigen:

Abbildung 10: Der Flow zur Anzeige der Ultraschall-Sensor Messwerte

Bewege nun z.B. deine Hand in unterschiedlichen Abständen vor dem Ultraschall-Sensor und du wirst die entsprechenden Entfernungswerte im Debug-Fenster ablesen können:

Abbildung 11: Die Ultraschall-Sensor Messwerte im Debug-Fenster

Um die Entfernungsmessung zu visualisieren, nutzen wir einfach wieder die *gauge*-Node als Anzeigeinstrument. Doch es soll zusätzlich noch eine Auswertung der Entfernung stattfinden, und zwar so, dass bei der Unterschreitung eines bestimmten Grenzwertes (bei mir 10 cm) ein Schalter umgelegt wird, der später etwas bewirkt:

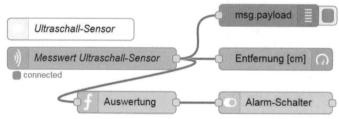

Abbildung 12: Der Flow zur Anzeige der
Ultraschall-Sensor-Messwerte in einer gauge-Node

Sehen wir uns das Ergebnis im Benutzerinterface an, wobei ich zwei Zustände in einer Grafik zusammengefasst habe:

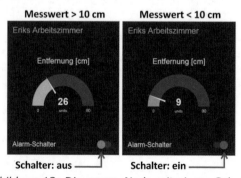

Abbildung 13: Die gauge-Node mit einem Schalter

Auf der linken Seite siehst du einen Entfernungswert von 26 cm und der Alarm-Schalter ist aus. Auf der rechten Seite hingegen wurde der Grenzwert von 10 cm unterschritten und der Alarm-Schalter hat reagiert. Die Konfiguration der *function*-Node zur Ansteuerung der *switch*-Node ist denkbar einfach:

```
1   var dist = parseInt(msg.payload);
2   if(dist < 10)
3       msg.payload = true;
4   else
5       msg.payload = false;
6   return msg;
```

Abbildung 14: Die Konfiguration der function-Node

Zu Beginn wird der Entfernungswert in die Variable *dist* gespeichert, wobei ich die *parseInt*-Funktion für das Konvertieren einer Zeichenkette in einen Integerwert nutze. Wenn der Wert kleiner 10 ist, schicke ich den Wahrheitswert *true* als Payload in den Flow, denn die *switch*-Node benötigt für das Umschalten true bzw. false. Wenn der Entfernungswert gleich bzw. größer 10 ist, wird der Wahrheitswert *false* als Payload gesendet. Der Schalter reagiert entsprechend.

Das Schalten der Funksteckdose

Die Anzeige, dass der Schalter reagiert, ist zwar schön und gut, aber du möchtest doch sicherlich bei einer Annäherung an den Ultraschallsensor einen richtigen Schalter steuern. Lassen wir doch unsere Funksteckdose bei der Unterschreitung des Grenzwertes eine Lampe anschalten. Die Grundlagen dazu hast du und wir haben das Schalten von Funksteckdosen schon in einem Hack erläutert. Also wollen wir jetzt dieses Wissen in einem entsprechenden Hack integrieren. Was ist dabei zu tun? Nun, zu Beginn wollen wir einmal von Node-RED bzw. MQTT aus eine Nachricht in Richtung Arduino-Board versenden, die dort dann entsprechend behandelt wird. Beginnen wir mit Node-RED. Die Erweiterung des Flows um die entsprechende *mqtt*-Node mit dem gezeigten Topic sollte für dich nun kein Problem mehr darstellen:

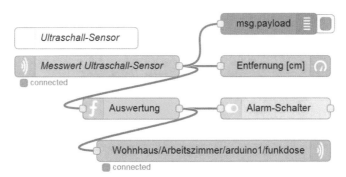

Abbildung 15: Der erweiterte Flow zur Steuerung der Funksteckdose

Für einen ersten Test, ob die Nachrichten auch ankommen, startest du ein Terminal-Fenster und gibst hier den folgenden Befehl ein:

```
# mosquitto_sub - t "/Wohnhaus/Arbeitszimmer/arduino1/funkdose"
```

• 195

Im nächsten Schritt müssen wir das Arduino-Board bzw. den Sketch so anpassen, dass diese Nachrichten auch dort ankommen und entsprechend ausgewertet werden. Ich habe bereits erwähnt, dass unsere *callback*-Funktion im Moment etwas untätig ist, weil dort kein Subscribe eines Topics erfolgt. Das werden wir gleich ändern. Zuerst werfen wir noch einen Blick auf den Schaltplan und auf den Aufbau der Schaltung auf unserem Proto-Shield.

Der Schaltplan

Der Schaltplan wurde einfach um das Funk-Sendemodul erweitert, das du schon aus dem Hack zur Funksteuerung kennst:

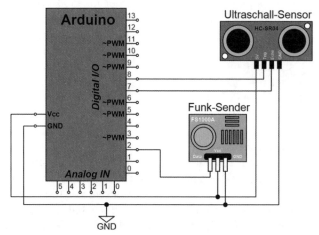

Abbildung 16: Der Ultraschallsensor HC-SR04 und das Funk-Sendemodul am Arduino-Board

Der Schaltungsaufbau

Auch hier zeigt sich das verwendete Proto-Shield wieder als ein sehr nützliches Hilfsmittel für den schnellen Aufbau - dem Rapid Prototyping -, um Schaltungen zu testen.

Abbildung 17: Der Schaltungsaufbau auf einem Proto-Shield

Kommen wir jetzt zu den notwendigen Erweiterungen im Arduino-Sketch.

Der erweiterte Arduino-Sketch

Ich werde an dieser Stelle lediglich die notwendigen Anpassungen im Vergleich zum vorherigen Sketch anführen. Um die Funkdose ansprechen zu können, müssen natürlich die entsprechende Library eingebunden und die erforderlichen Initialisierungen durchgeführt werden:

RC-Library einbinden:

```
#include <RCSwitch.h>
```

RC-Objekt instanziieren:

```
RCSwitch mySwitch = RCSwitch();
```

Steckdosen-ID vergeben:

```
byte steckdoseID = 1;
```

Diese ID kannst du natürlich nach deinen Bedürfnissen anpassen.

Sendemodul-Pin initialisieren:

Füge in der *setup*-Funktion über die *enableTransmit*-Methode den Arduino-Pin hinzu, an dem sich das Sende-Modul befindet. Ich habe das Modul am digitalen Pin 2 angeschlossen.

```
void setup() {
  ...
  mySwitch.enableTransmit(2);
}
```

Den passenden Subscribe hinzufügen:

Damit die Nachrichten von MQTT auch auf dem Arduino berücksichtigt werden, füge den entsprechenden Subscribe hinzu. Ich hatte das einmal vergessen und mich gefragt, warum die Nachrichten einfach nicht ankommen:

```
void reconnect() {
  // Loop until we're reconnected
  while(!pubsubClient.connected()) {
    ...
    if (pubsubClient.connect(clientId.c_str())) {
      ...
      pubsubClient.subscribe("Wohnhaus/Arbeitszimmer/arduino1/funkdose");
      ...
    } else {
      ...
    }
  }
}
```

Die callback-Funktion mit Leben füllen:
Die *callback*-Funktion muss natürlich jetzt auf die empfangenen Nachrichten reagieren, um
die Funksteckdose entsprechend zu schalten.

```
void callback(char* topic, byte* payload, unsigned int length) {
    ...
    if (String(topic) == "Wohnhaus/Arbeitszimmer/arduino1/funkdose") {
    if (msg == "true")  mySwitch.switchOn(1, 1);  // An
    if (msg == "false") mySwitch.switchOff(1, 1); // Aus
    }
}
```

Nach diesen Modifikationen wird die Funksteckdose auf die unterschiedlichen Entfernungswerte des Ultraschall-Sensors reagieren und an- bzw. ausschalten.

Die Lichtmessung

Das Schalten einer Funksteckdose kann natürlich von den unterschiedlichsten Umwelteinflüssen
abhängig gemacht werden. Du kannst z.B. einen lichtempfindlichen Widerstand
bzw. eine Fotodiode verwenden, um die Stärke des Umgebungslichtes zu messen, und dann
über die Funksteckdose eine Lampe an- bzw. ausschalten. Um z.B. einen lichtempfindlichen
Widerstand in Form eines *LDR* (Light Dependent Resistor) anzuschließen, gehst du wie folgt
vor. In der folgenden Abbildung siehst du ein solches Bauteil mit seinem Schaltzeichen:

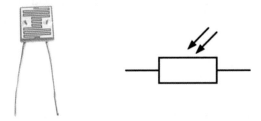

Abbildung 18: Der LDR mit seinem Schaltzeichen

Um den LDR in eine Schaltung zu integrieren, ist noch ein weiteres Bauteil erforderlich:
ein Widerstand. Die Schaltung schaut dann wie folgt aus, wobei ich für unterschiedliche
Helligkeitswerte die passenden Spannungspfeile auf der rechten Seite eingezeichnet habe:

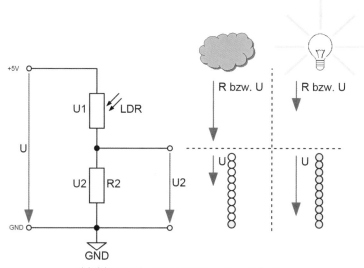

Abbildung 19: Der LDR in einer Schaltung

Diese Schaltung wird Spannungsteiler genannt, und wie der Name schon vermuten lässt, werden hier Spannungen aufgeteilt. Je größer der Lichteinfall auf den LDR wird, desto geringer wird sein Widerstand, und demnach fällt eine größere Spannung über dem Widerstand R2 ab. Bei weniger Lichteinfall kehrt sich die Lage genau um. Damit du nun die Spannung an R2, die sich ja in dem Maße verändert, in dem der Lichteinfall variiert, messen kannst, musst du einen der analogen Eingänge des Arduino-Boards bemühen. Der Schaltungsaufbau würde wie folgt aussehen:

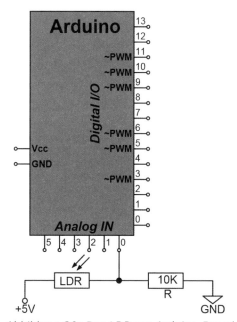

Abbildung 20: Der LDR am Arduino-Board

Führe doch einen ersten Test mit dem folgenden Arduino-Sketch durch, wobei die *analogRead*-Funktion für die Abfrage der analogen Pins des Arduino verwendet wird:

```
void setup() {
  Serial.begin(9600); // Serielle Schnittstelle initialisieren
}

void loop() {
  Serial.println(analogRead(A0)); // Wert an serielle Schnittstelle
                                  //übertragen
  delay(10);                      // Kurze Pause (sehr wichtig!!!)
}
```

Mehr möchte ich zu diesem Thema nicht anmerken, denn die Umsetzung wird deine Aufgabe sein. Modifiziere den Arduino-Sketch für den Ultraschall-Sensor so, dass der analoge Eingang A0 des Arduino-Boards kontinuierlich abgefragt wird. Die angewendete Logik soll die Funksteckdose derart schalten, dass beim Unterschreiten eines bestimmten Helligkeitswertes, eine Aktion ausgelöst wird. Unter der folgenden Internetadresse findest du weitere Hinweise zur benötigten *analogRead*-Funktion:

https://www.arduino.cc/en/Reference/AnalogRead

In Abhängigkeit von der anliegenden Spannung an einem analogen Eingang schwankt der Wert in den Grenzen zwischen 0 und 1023. Das wäre doch sicherlich ein Thema für einen neuen Hack. Du hast ja bestimmt erkannt, dass die Umsetzung dieses Hacks mit einem Arduino-Uno hinsichtlich der Netzwerkanbindung nur mit einem Ethernet-Shield zu realisieren ist. Ich möchte dir nun ein Board vorstellen, das den gleichen Formfaktor wie das Arduino-Uno-Board besitzt, jedoch nicht mit dem für das Board üblichen Mikrocontroller ATmega328 versehen ist. Bei diesem Board kommt der dir schon bekannte ESP8266-Baustein zum Einsatz, und der kann von Hause aus eine Verbindung per Wifi herstellen. Das Board nennt sich *Wemos D1*. Doch mehr dazu im folgenden Hack.

Was hast du gelernt
In diesem Hack hast du gelernt, was ein Ultraschall-Sensor ist und wie er Entfernungen zu einem vor ihm liegenden Objekt messen kann. Es kam ein Arduino-Uno Board zum Einsatz. Um die Informationen ins Netzwerk einzuspeisen, wurde das Ethernet-Shield für den Arduino verwendet, das mit einem LAN-Kabel mit dem Router verbunden wurde. Über eine geeignete Programmierung hast du bei einer bestimmten Annäherung an den Sensor den Sender für die Funksteckdosen angesteuert, so dass darüber z.B. eine Lampe angeschaltet werden kann. Gleichzeitig wurden der Entfernungswert und der Schalterstatus im Benutzerinterface des Dashboard angezeigt. Du hast einen kurzen Ausblick auf ein Arduino-ähnliches Board erhalten, das mit einem ESP8266-Modul versehen ist, um darüber drahtlos per Wifi Informationen versenden zu können.

Hack 12 • Das Wemos D1 Board

Wie versprochen, komme ich jetzt zum Wemos D1 Board, das wie ein Arduino-Board aussieht. In der folgenden Abbildung siehst du das Board, das es in unterschiedlichen Ausführungen gibt:

Abbildung 1: Das Wemos D1 Board R1

Du siehst, dass es die gleichen Header-Buchsen für den Anschluss von zusätzlichen Bauteilen besitzt, und es kann auch die Arduino-Shields - mit ein paar Einschränkungen - aufnehmen. Ich habe ja gerade erwähnt, dass es das Board in unterschiedlichen Versionen gibt. Hinsichtlich der Pinbelegung - des Pinouts - gibt es dort gravierende Abweichungen, über die du dir im Klaren sein solltest. Es gibt die Versionen R1, R2 und Mini, wobei ich die abweichenden Pinbelegungen in der folgenden Grafik zusammengefasst und auf die unteren digitalen Pins beschränkt habe:

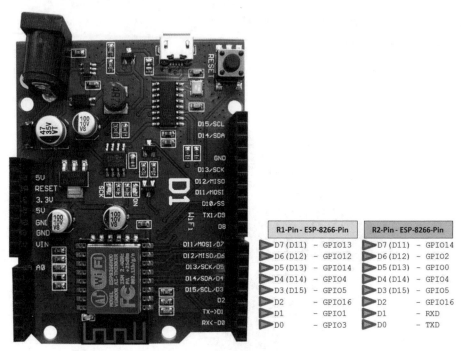

R1-Pin - ESP-8266-Pin	R2-Pin - ESP-8266-Pin
D7 (D11) - GPIO13	D7 (D11) - GPIO14
D6 (D12) - GPIO12	D6 (D12) - GPIO2
D5 (D13) - GPIO14	D5 (D13) - GPIO0
D4 (D14) - GPIO4	D4 (D14) - GPIO4
D3 (D15) - GPIO5	D3 (D15) - GPIO5
D2 - GPIO16	D2 - GPIO16
D1 - GPIO1	D1 - RXD
D0 - GPIO3	D0 - TXD

Abbildung 2: Die Pinbelegung des Wemos D1 Boards für R1 und R2

Um die Programmierung bzw. Konfiguration der Pins korrekt umzusetzen, musst du in deinem Sketch die GPIO-Bezeichnungen (ESP8266-Pin) verwenden. Wenn also für R1 z.B. der digitale Pin D5 angesteuert werden soll, musst du den Wert 14 einsetzen. Bei R2 wäre das der Wert 0. In unserem Hack nutze ich jedoch R1 und werde natürlich die entsprechenden Werte im Sketch verwenden. Auf vielen Boards befindet sich auf der Rückseite der Platine eine Bezeichnung der GPIO-Pins, die ich auch erst recht spät entdeckt habe:

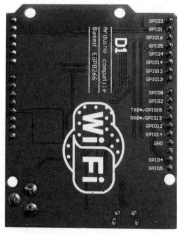

Abbildung 3: Die Pinbezeichnung des Wemos D1-Boards auf der Rückseite

Es gibt bei der Verwendung dieses Board jedoch einen sehr wichtigen Aspekt zu beachten. Im Gegensatz zum Arduino-Board, das mit einer sogenannten *Operation Voltage*, also einer Spannung für die I/O-Pins, von 5V arbeitet, darf das Wemos D1 Board, das ja auf dem ESP8266 basiert, mit einer maximalen Spannung von 3,3V betrieben werden. Alle höheren Spannungswerte zerstören unweigerlich das Board bzw. den ESP8266-Baustein und es ist dann reif für die Tonne. Nähere Informationen zum Board sind unter der folgenden Internetadresse zu finden:

https://wiki.wemos.cc/

Wir wollen im ersten Schritt ein paar Leuchtdioden mit diesem Board ansteuern, um nicht mehr auf die kabelgebundene Verbindung zum Router beschränkt zu sein. Dazu führen wir wieder einen ersten Test durch, der zu Beginn eine Wifi-Verbindung zum Router herstellen soll. Das *Wemos D1*-Board verfügt ja über den ESP8266-Baustein und du hast schon in MQTT-Hack gesehen, wie du diesen über die Arduino-IDE programmieren kannst. Wir gehen daher auch jetzt so vor. Da du die ESP8266-Erweiterung sicherlich schon installiert hast, steht dir das Wemos D1 bei der Auswahl des richtigen Boards zur Verfügung:

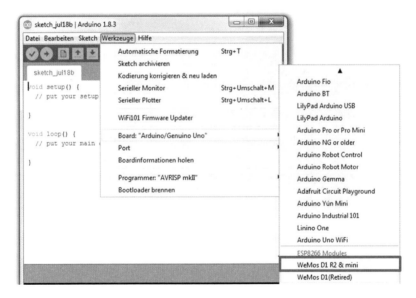

Abbildung 4: Das Wemos D1 Board in der Arduino-IDE

Du musst natürlich noch den richtigen COM-Port auswählen und vorher ggf. den richtigen USB-Treiber für den Baustein CH340 installieren. Die Programmierung bzw. Initialisierung der Wifi-Schnittstelle läuft in der gleichen Weise ab, wie du sie bereits beim MQTT-Hack durchgeführt hast. Sehen wir uns das gleich im Detail an.

Welche Bauteile benötigst du?
Für diesen Hack benötigst du die folgenden Bauteile:

LED (rot) 4x	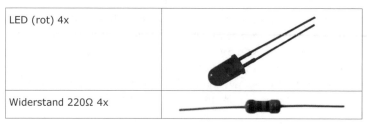
Widerstand 220Ω 4x	

Tabelle 1: Bauteilliste

Du kannst hier natürlich unterschiedliche Farben für die LEDs verwenden, wie ich das auch gemacht habe.

Der Schaltplan

Der Schaltplan ist wieder denkbar einfach. Es kommen vier digitale Pins des Wemos D1-Boards zum Einsatz:

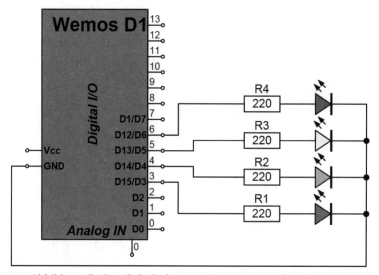

Abbildung 5: Der Schaltplan zur Ansteuerung der vier LEDs

Der Sketch-Code

Der Code zur schrittweisen Ansteuerung der vier LEDs sieht wie folgt aus:

```
// GPIO-Definitionen für
// Wemos D1 / R1
#define LED_blau   5
#define LED_gruen  4
#define LED_gelb   14
#define LED_rot    12

byte counter = 0;
```

```
void setup() {
  pinMode(LED_blau,  OUTPUT);
  pinMode(LED_gruen, OUTPUT);
  pinMode(LED_gelb,  OUTPUT);
  pinMode(LED_rot,   OUTPUT);
}

void loop() {
  counter++;
  if(counter > 4) counter = 1;
  switch(counter) {
    case 1: setLED(HIGH, LOW,  LOW,  LOW);  break;
    case 2: setLED(LOW,  HIGH, LOW,  LOW);  break;
    case 3: setLED(LOW,  LOW,  HIGH, LOW);  break;
    case 4: setLED(LOW,  LOW,  LOW,  HIGH); break;
  }
  delay(200);
}

void setLED(boolean led1, boolean led2, boolean led3, boolean led4) {
  digitalWrite(LED_blau,  led1);
  digitalWrite(LED_gruen, led2);
  digitalWrite(LED_gelb,  led3);
  digitalWrite(LED_rot,   led4);
}
```

Über eine Zählervariable *counter*, die schrittweise hochgezählt wird, kommt es innerhalb der switch-case-Blöcke zur Ansteuerung der vier LEDs. Diese leuchten wie ein Lauflicht auf, was über die *setLED*-Funktion erzielt wird. Vielleicht fragst du dich an dieser Stelle, was daran so spannend sein kann, vier LEDs in Form eines Lauflichtes anzusteuern, und was das Ganze mit Node-RED zu tun hat. Keine Sorge - es handelt sich hier lediglich um ein Einführung in die Ansteuerung der digitalen Pins des Wemos D1-Boards, das natürlich mit einem solchen Programm etwas unterfordert ist. Sei nicht ungeduldig, denn Wifi wird gleich unser Thema werden.

Der Schaltungsaufbau

Abbildung 6: Der Schaltungsaufbau zur Ansteuerung der vier LEDs

Kommen wir nun endlich zu etwas Konkretem, denn das ist ja Ziel dieses Hacks.

Die Ansteuerung eines Relais-Moduls

Du hast in einem unserer Hacks gesehen, wie über Funksteckdosen Verbraucher geschaltet werden können. Durch einfaches Einstecken eines Netzsteckers in eine der Dosen war es sehr einfach, z.B. eine Schreibtischlampe zu schalten. Nun kann es aber vorkommen, dass du elektrische bzw. elektronische Komponenten ganz flexibel ansteuern möchtest, wobei z.B. ein Relais mit einem Umschalter von Nöten ist. Das kann z.B. eine Pumpe für ein Aquarium sein, die standardmäßig über keinen Netzstecker verfügt.

Achtung Netzspannung

In der Elektronik hat man es meist mit kleinen Spannungen von 3,3V bis 5V zu tun, die zur Ansteuerung von Bauteilen verwendet werden. Wenn es aber darum geht, Verbraucher wie z.B. eine Pumpe, einen Toaster oder eine Waschmaschine zu betreiben, sind hohe Spannungen von 240V erforderlich, die so ohne Weiteres nicht von der Mikroelektronik bereitgestellt wird. Damit das aber trotzdem möglich ist, sind zwei oder mehr voneinander getrennte Stromkreise erforderlich. Zum einen haben wir den *Steuerkreis* und zum anderen den *Lastkreis*. Die folgende Abbildung zeigt das Zusammenspiel der beiden Kreise:

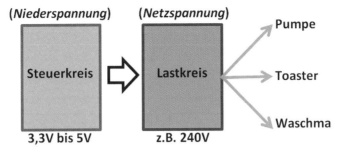

Abbildung 7: Der Steuer- und der Laststromkreis

Die Steuer- Lastkreis-Kombination arbeitet ähnlich wie ein Verstärker, bei dem mit recht geringem Aufwand bzw. Steuerspannungen große Lasten geschaltet werden. Zur Realisierung bieten sich natürlich die unterschiedlichsten Ansätze an. Da wir für unseren Hack lediglich die Zustände *An-* bzw. *Aus*schalten möchten, eignet sich hierfür ein sogenanntes *Relais*. Eine recht einfache Schaltung ist diesbezüglich die zur Ansteuerung einer Lampe:

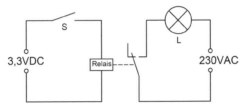

Abbildung 8: Die Ansteuerung einer Lampe über ein Relais

Der Schalter *S* im Steuerkreis steuert die Lampe *L* im Lastkreis. Etwas Ähnliches wollen wir jetzt in unserem Hack realisieren. Natürlich ist dazu noch ein besonderes Bauteil in Form eines *Relais-Moduls* erforderlich, das eine sehr einfache Ansteuerung ermöglicht.

Welche Bauteile benötigst du?
Für diesen Hack benötigst du die folgenden Bauteile:

Relais-Modul (4-Kanal) 1x
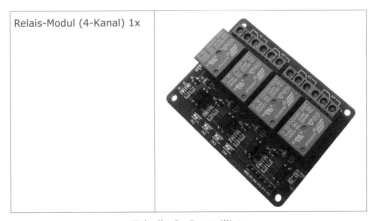

Tabelle 2: Bauteilliste

Sehen wir uns zu Beginn den Schaltplan an. Wir müssen lediglich die LEDs durch das Relais-Modul ersetzen und eine Kleinigkeit bei der späteren Ansteuerung beachten.

Der Schaltplan

Der Schaltplan zur Ansteuerung des Relais-Moduls sieht wie folgt aus:

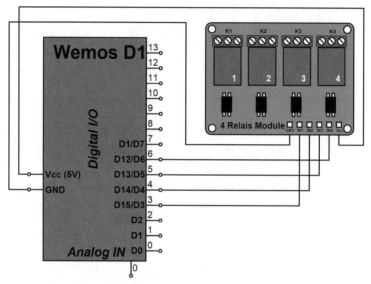

Abbildung 9: Der Schaltplan zur Ansteuerung des 4-Kanal-Relais-Moduls

Nun steuern die vier digitalen Ausgänge D3, D4, D5 und D6 anstelle der LEDs die vier Eingänge IN1, IN2, IN3 und IN4 an, wobei die Vorwiderstände nicht weiter benötigt werden. Die Spannungsversorgung des Relais-Moduls liefert das Wemos D1 Board mit 5V und GND. Kommen wir noch einmal auf das Relais-Modul zu sprechen und schauen uns ein einzelnes Relais genauer an:

Abbildung 10: Ein einzelnes Relais des 4-Kanal Relais-Moduls

Auf der Oberseite siehst du die Spezifikationen. Dort ist u.a. zu erkennen, dass das Relais für Spannungen von bis zu 250VAC und einer maximalen Stromstärke von 10A verwendet werden kann. Hinsichtlich der Ansteuerung der einzelnen Relais ist noch etwas zu beachten, denn diese muss mit einem LOW-Pegel erfolgen. Aus diesem Grund musst du den Code wie folgt anpassen:

```
void setLED(boolean led1, boolean led2, boolean led3, boolean led4) {
  digitalWrite(LED_blau,  !led1);
  digitalWrite(LED_gruen, !led2);
  digitalWrite(LED_gelb,  !led3);
  digitalWrite(LED_rot,   !led4);
}
```

Erkennst du den Unterschied zum vorherigen Code? Vor die Variablen led1, led2, led3 und led4 habe ich ein Ausrufezeichen gesetzt, was eine logische Negierung bedeutet. Aus *true* wird also *false* und umgekehrt. Wenn du den Sketch nun laufen lässt, sollten die Relais in Folge arbeiten und einzeln anziehen. Der Schaltungsaufbau sieht wie nachfolgend gezeigt aus, wobei hier zu sehen ist, dass mehrere LEDs der einzelnen Relais aufleuchten, was darauf hindeutet, dass ich die Korrektur über das Negieren der logischen Pegel noch nicht vorgenommen habe.

Der Schaltungsaufbau

Abbildung 11: Der Schaltungsaufbau zur Ansteuerung des Relais-Moduls

Jetzt können wir uns endlich daranmachen, dieses Relais-Modul über Node-RED anzusteuern. Hierfür müssen wir jedoch zunächst den Arduino-Sketch für das Wemos D1 Board ein wenig anpassen bzw. erweitern.

Der Sketch-Code
Der Sketch-Code für das Wemos D1 Board sieht wie folgt aus, wobei ich das Ganze wieder in handliche Blöcke unterteilt habe:

Die Initialisierungen:
Zu Beginn kommt es wieder zur Einbindung der erforderlichen Libraries und zu den schon bekannten Initialisierungen:

```
#include <ESP8266WiFi.h>
#include <PubSubClient.h>

// GPIO-Definitionen für
// Wemos D1 / R1
#define relais1  5
#define relais2  4
#define relais3  14
#define relais4  12

const char* ssid = "EriksHotspot";
```

```
const char* password = "SehrGeheim";
const char* mqtt_server = "192.168.178.52";


WiFiClient espClient;
PubSubClient client(espClient);
```

Das Wifi-Setup:

Das Wifi-Setup hat keine Änderung erfahren, doch ich bringe es der Vollständigkeit halber erneut an dieser Stelle:

```
void setup_wifi() {
  delay(10);
  // We start by connecting to a WiFi network
  Serial.println();
  Serial.print("Connecting to ");
  Serial.println(ssid);
  WiFi.begin(ssid, password);
  while(WiFi.status() != WL_CONNECTED) {
    delay(500);
    Serial.print(".");
  }
  randomSeed(micros());
  Serial.println("");
  Serial.println("WiFi connected");
  Serial.println("IP address: ");
  Serial.println(WiFi.localIP());
}
```

Die reconnect-Funktion:

In der *reconnect*-Funktion werden die vier Topics der vier Relais definiert:

```
void reconnect() {
  // Loop until we're reconnected
  while(!client.connected()) {
    Serial.print("Attempting MQTT connection...");
    // Create a random client ID
    String clientId = "ESP8266Client-";
    clientId += String(random(0xffff), HEX);
    // Attempt to connect
    if (client.connect(clientId.c_str())) {
      Serial.println("connected");
      client.subscribe("Wohnhaus/Arbeitszimmer/wemosd1/relais1");
      client.subscribe("Wohnhaus/Arbeitszimmer/wemosd1/relais2");
      client.subscribe("Wohnhaus/Arbeitszimmer/wemosd1/relais3");
      client.subscribe("Wohnhaus/Arbeitszimmer/wemosd1/relais4");
      delay(500);
```

```
    } else {
      Serial.print("failed, rc=");
      Serial.print(client.state());
      Serial.println(" try again in 5 seconds");
      // Wait 5 seconds before retrying
      delay(5000);
    }
  }
}
```

Die setup-Funktion:

In der *setup*-Funktion finden die bekannten Initialisierungen bzw. die Aufrufe der Wifi-Verbindung und *callback*-Funktion statt. Dort werden auch die digitalen Pins zur Relais-Ansteuerung konfiguriert und alle mit einem HIGH-Pegel für einen Reset versehen:

```
void setup() {
  Serial.begin(115200); // Konfiguration der seriellen Schnittstelle
  setup_wifi(); // Initialisierung der Wifi-Verbindung
  client.setServer(mqtt_server, 1883); // Initialisierung MQTT-Server
  client.setCallback(callback); // Definition der Callback-Funktion
  pinMode(relais1, OUTPUT); pinMode(relais2, OUTPUT);
  pinMode(relais3, OUTPUT); pinMode(relais4, OUTPUT);
  digitalWrite(relais1, HIGH); digitalWrite(relais2, HIGH);
  digitalWrite(relais3, HIGH); digitalWrite(relais4, HIGH);
}
```

Die loop-Funktion:

In der *loop*-Funktion wird der MQTT-Client in eine Endlosschleife für die ständige Abfrage geschickt:

```
void loop() {
  if(!client.connected()) {
    reconnect();
  }
  client.loop();
}
```

Die reconnect-Funktion:

In der *reconnect*-Funktion findet die Auswertung der eingehenden MQTT-Nachrichten statt und es erfolgt eine entsprechende Ansteuerung der einzelnen Relais:

```
void callback(char* topic, byte* payload, unsigned int length) {
  String msg;
  Serial.print("Message arrived [");
  Serial.print(topic);
  Serial.print("] ");
```

```
for (int i = 0; i < length; i++) {
  Serial.print((char)payload[i]);
  msg += (char)payload[i];
}
Serial.println();
if(String(topic) == "Wohnhaus/Arbeitszimmer/wemosd1/relais1") {
  if (msg == "true")  digitalWrite(relais1, LOW);  // An
  if (msg == "false") digitalWrite(relais1, HIGH); // Aus
}
if(String(topic) == "Wohnhaus/Arbeitszimmer/wemosd1/relais2") {
  if (msg == "true")  digitalWrite(relais2, LOW);  // An
  if (msg == "false") digitalWrite(relais2, HIGH); // Aus
}
if(String(topic) == "Wohnhaus/Arbeitszimmer/wemosd1/relais3") {
  if (msg == "true")  digitalWrite(relais3, LOW);  // An
  if (msg == "false") digitalWrite(relais3, HIGH); // Aus
}
if(String(topic) == "Wohnhaus/Arbeitszimmer/wemosd1/relais4") {
  if (msg == "true")  digitalWrite(relais4, LOW);  // An
  if (msg == "false") digitalWrite(relais4, HIGH); // Aus
}
}
```

Der Flow zur Ansteuerung des Relais-Moduls

Kommen wir nun zur Ansteuerung des Wemos D1-Boards mit seinem Relais-Modul. Nach dem Hochladen des Sketches kannst du das Wemos D1 Board vom USB-Port trennen und es quasi als Standalone-Gerät betreiben. Es ist lediglich die Spannungsversorgung erforderlich, die z.B. über ein 5V USB-Netzteil eines Smartphones geliefert werden kann. Der folgende Flow stellt über das Benutzerinterface vier Schalter zur Verfügung und steuert darüber die einzelnen Relais:

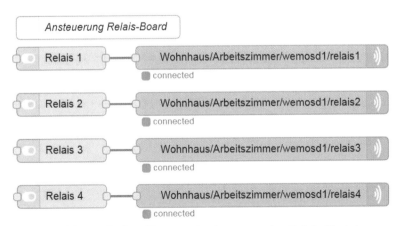

Abbildung 12: Der Flow zur Ansteuerung des Relais-Moduls

Das Benutzerinterface sieht dann mit seinen vier Schaltern folgendermaßen aus:

Abbildung 13: Das Benutzerinterface zur Ansteuerung des Relais-Moduls

Schauen wir uns die Konfiguration der Nodes am Beispiel von Relais 1 an und beginnen dabei mit der *switch*-Node:

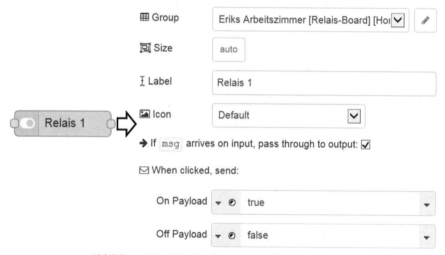

Abbildung 14: Die Konfiguration der switch-Node

Je nach Schalterstellung wird entweder der Wert *true* oder *false* gesendet, und das sind genau die Werte, die der Sketch zur Steuerung der Relais erwartet. Die Konfiguration der *mqtt*-Node ist ebenfalls sehr einfach:

Abbildung 15: Die Konfiguration der mqtt-Node

Das 8-Kanal-Relais-Modul

Falls dir die 4 Kanäle des verwendeten Relais-Moduls zu wenig sind, kannst du die nächstgrößere Variante mit 8 Kanälen einsetzen:

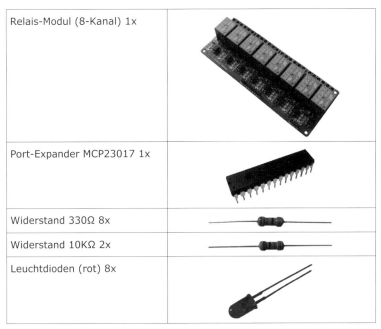

Relais-Modul (8-Kanal) 1x	
Port-Expander MCP23017 1x	
Widerstand 330Ω 8x	
Widerstand 10KΩ 2x	
Leuchtdioden (rot) 8x	

Tabelle 3: Bauteilliste

Die Ansteuerung erfordert natürlich entsprechend mehr freie digitale Pins. Um aber nicht alle digitalen Pins, die dir mit dem Wemos D1 Board zur Verfügung stehen, auf diese Weise zu blockieren, kannst du einen anderen Weg beschreiten, der zwar ein wenig mehr Aufwand bedeutet, doch sehr effektiv ist: Du kannst dabei nämlich - unter Verwendung weiterer Relais-Module - sogar noch mehr als 8 Kanäle ansprechen. Das Stichwort lautet I^2C. Es handelt sich hierbei um ein Bussystem für den Datenaustausch zwischen zwei oder mehreren Kommunikationsteilnehmern über einen gemeinsamen Übertragungsweg. Es gibt unzählige verschiedene Bus-Systeme, die mit einer unterschiedlichen Anzahl von Leitungen arbeiten.

Der I²C-Bus

Der I²C-Bus ist ein sehr verbreitetes System und fällt in die Kategorie *TWI*, was Two-Wire-Interface bedeutet. Es kommen zwei Leitungen auf kurze Distanz zum Einsatz. Bei der Kommunikationen sind ein oder mehrere sogenannte *Master* im Einsatz, die zu einem oder mehreren *Slaves* Verbindung aufnehmen. Um eine korrekte Zustellung der Daten zu gewährleisten, sind im Kommunikationsverbund Master und Slave eindeutige Adressen erforderlich. Schauen wir uns ein derartiges Bus-System auf der Basis von I²C einmal an:

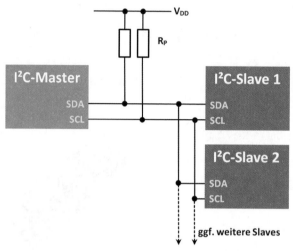

Abbildung 16: Das Master/Slave-System beim I²C-Bus

Auf der linken Seite der Abbildung siehst du den Master, dessen Funktion in der Regel von der Steuereinheit, also vom Mikrocontroller wahrgenommen wird. Auf der rechten Seite befinden sich ein oder mehrere Slaves, die über die beiden Leitungen *SDA* (Serial-Data) und *SCL* (Serial-Clock) mit dem Master verbunden sind. Zusätzlich sind zwei Pullup-Widerstände erforderlich, über die die SDA- und SCL-Leitung mit der Spannungsversorgung verbunden sind. Bei nicht Vorhandensein dieser Widerstände befände sich der Bus in einem ständigen LOW-Pegel-Zustand. Um jedoch eine Kommunikation über den Bus zu starten, was über LOW-Pegel erfolgt, muss dieser über Pullup-Widerstände in Richtung Betriebsspannung gezogen werden. Andernfalls wäre der Bus ständig blockiert, so dass kein Gerät eine Kommunikation beginnen könnte. Der ESP8266-Baustein gestattet es, jedem der vorhandenen freien Daten-Pins die I²C-Funktionalität zuzuweisen. Wir werden für unseren Hack GPIO0 und GPIO2 nutzen:

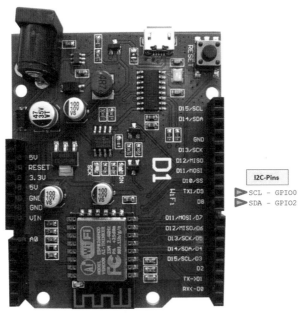

Abbildung 17: Die verwendeten I²C-Pins beim Wemos D1 Boards

Was aber steuert dieser I²C-Bus denn überhaupt an? Das können die unterschiedlichsten Bausteine, wie z.B. Analog/Digital-Wandler, Speicher oder Port-Expander sein. Genau den zuletzt erwähnten werden wir uns jetzt genauerer ansehen.
Der Port-Expander MCP23017

Ich verwende den Port-Expander MCP23017:

Abbildung 18: Der Port-Expander MCP23017

Werfen wir einen Blick auf die Pinbelegung des Port-Expanders, denn ohne diese genaue Beschreibung kommen wir nicht weiter:

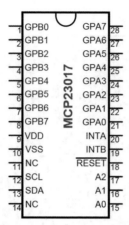

Abbildung 19: Die Pinbelegung des Port-Expander MCP23017

Die für uns relevanten Pins habe ich in der folgenden Tabelle zusammengefasst:

Pin(s)	Erklärung
GPA0 bis GPA7	*I/O-Pins des Port A*
GPB0 bis GPB7	*I/O-Pins des Port B*
VDD bzw. VCC	Spannungsversorgung 3,3V
VSS	Masse
SDA	Datenleitung des I2C-Bus
SCL	Taktleitung des I2C-Bus
Reset	Reset (Low-Aktiv) - muss im Betrieb mit der Spannungsversorgung 3,3V verbunden sein
A0 bis A2	Adressleitungen

Tabelle 1: Einige wichtige Pins des Port-Expanders MCP23017

Nähere Beschreibungen zum Port-Expander MCP23017 sind unter der folgenden Internetadresse zu finden:

http://ww1.microchip.com/downloads/en/DeviceDoc/21952b.pdf

Die Adressierung des Port-Expanders

Bevor wir jedoch mit der Programmierung beginnen, solltest du verstehen, wie der Port-Expander angesprochen bzw. konfiguriert wird. Da der I²C-Bus eine Master/Slave-Funktionalität aufweist, muss jeder Kommunikationsteilnehmer eine eindeutige Adresse besitzen. Der Master wird von unserem Wemos D1 Board gestellt und seine Adresse ist für uns nicht von Bedeutung. Dem Port-Expander, der als Slave-Baustein in Erscheinung tritt, muss von uns jedoch eine Adresse zugewiesen werden. Dazu sind die drei Adressleitungen A0 bis A2 vorhanden. Vom Hersteller ist eine Startadresse 0x20 (hexadezimaler Wert) vorgesehen, was bedeutet, dass bei einer Verbindung der drei Adressleitungen mit Masse dem Baustein diese Basis-Adresse zugewiesen wird. Bei entsprechender Versorgung mit einem HIGH-Pegel wird die Adresse immer weiter hochgezählt, wobei die folgenden 8 Adressen möglich sind:

A2	A1	A0	Resultiernde Adresse
0	0	0	0x20
0	0	1	0x21
0	1	0	0x22
0	1	1	0x23
1	0	0	0x24
1	0	1	0x25
1	1	0	0x26
1	1	1	0x27

Tabelle 2: Die Adressierung des Port-Expanders MCP23017

Dort, wo eine 1 steht, muss die entsprechende Adressleitung mit der Spannungsversorgung, also 3,3V verbunden werden. Alle anderen Pins müssen dann mit Masse verbunden werden. Für unser Beispiel verwenden wir die Startadresse 0x20, was bedeutet, dass alle 3 Adressleitungen mit Masse verbunden sind.

Die internen Register des MCP23017

Die Konfiguration bzw. die Ansteuerung des MCP23017 erfolgt über das Modifizieren von Speicherinhalten, die *Register* genannt werden. Der Port-Expander verfügt über eine ganze Reihe von unterschiedlichen Registern, wobei ich jedoch nur auf die eingehen werde, die für unser Vorhaben eine Relevanz besitzen. Unser MCP23017 verfügt über zwei Ports - Port A und Port B - die jeweils eine Datenbreite von 8 Bit aufweisen. Wir müssen uns also Gedanken darüber machen, welchen Port wir verwenden und welche Pins als Eingänge und welche als Ausgänge konfiguriert werden müssen. Dazu stehen die Register *IODIRA* bzw. *IODIRB* zur Verfügung, die die Datenflussrichtung - auch *Direction* genannt - bestimmen:

Abbildung 20: Die Datenfluss-Register des Port-Expander MCP23017

Wenn du diese Register mit entsprechenden Werten versiehst, werden die Pins des betreffenden Ports als Ein- oder als Ausgänge konfiguriert. Doch welche Werte sind das? Nun, da wir es mit einer Datenbreite von 8 Bits zu tun haben, ist es sicherlich sinnvoll, sich eines einzelnen Bytes (8 Bits) anzuschauen. Besitzt ein Bit an der betreffenden Stelle eine 0, wird der korrespondierende Pin als *Ausgang*, bei einer 1 als *Eingang* konfiguriert:

Wert	Bedeutung
0	Ausgang
1	Eingang

Tabelle 3: Die Konfigurationswerte für die Datenfluss-Register

Am besten lässt sich das Verhalten an einem konkreten Beispiel veranschaulichen. Nehmen wir einmal an, du möchtest die unteren vier Bits von Port A als Ausgänge, die obersten vier als Eingänge konfigurieren. Die Konfiguration sähe dann so aus:

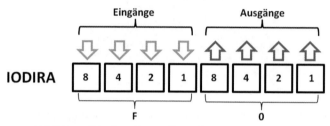

Abbildung 21: Das Datenfluss-Register von Port A

Wenn du jetzt z.B. die Bits der Ausgänge änderst, hat das Auswirkungen auf die logischen Pegel. Im folgenden Beispiel möchte ich, dass die angeschlossenen Leuchtdioden in der gezeigten Form aufleuchten:

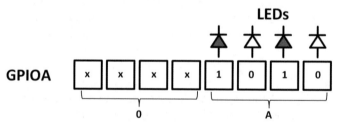

Abbildung 22: Die Beeinflussung der Bits eines Registers

Wir haben also zu Beginn definiert, welche Pins eines Ports mit welcher Datenflussrichtung versehen werden. Nun können wir die betreffenden Pins der Ports - wenn sie als Ausgänge konfiguriert wurden - mit logischen Pegeln versehen. Dies geschieht natürlich ebenfalls mittels Register, die sich *GPIOA* und *GPIOB* nennen:

Abbildung 23: Die Port-Register des Port-Expander MCP23017

Um die Leuchtioden wie gerade gezeigt aufleuchten zu lassen, beträge der zu übertragende Wert für das Register *GPIOA* 0x0A oder vielleicht etwas deutlicher in binärer Form *00001010*. Bevor wir uns natürlich an die Programmierung wagen, sollten wir einen Blick auf den Schaltplan werfen.

Der Schaltplan

In der folgenden Abbildung siehst du den Schaltplan zur Ansteuerung des Port-Expanders MCP23017:

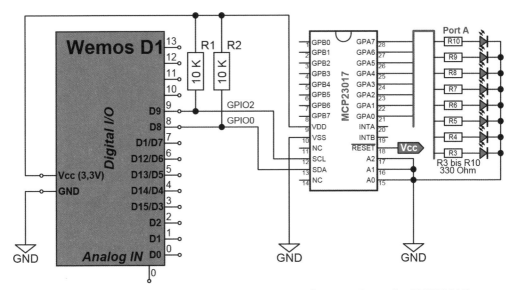

Abbildung 24: Der Schaltplan zur Ansteuerung des Port-Expander MCP23017

Es sei noch zu erwähnen, dass die Pullup-Widerstände für den I²C-Bus normalerweise eine Dimensionierung von 4,7 KΩ aufweisen, doch auch 10 KΩ stellen kein Problem dar. Kommen wir nun zur Ansteuerung der Leuchtdioden über einen Sketch, was natürlich später über ein geeignetes Benutzerinterface von Node-RED erfolgen wird.

Der Basis-Sketch

Der folgende Sketch konfiguriert den Port-Expander MCP23017 und steuert die angeschlossenen Leuchtdioden entsprechend dem gezeigten Muster an. Ich habe zur Erläuterung die einzelnen Zeilen direkt mit entsprechenden Kommentaren versehen:

```
#include <Wire.h> // Bibliothek für I²C-Bus einbinden

const byte MCP23017Addr = 0x20; // I²C-Basisadresse MCP23017
const byte GPIOA  = 0x12; // Register Port A
const byte GPIOB  = 0x13; // Register Port B
const byte IODIRA = 0x00; // Register IO-Direction Port A
const byte IODIRB = 0x01; // Register IO-Direction Port B

void setup() {
  Wire.begin(2, 0);    // GPIO2 (SDA), GPIO0 (SCL)
  Wire.setClock(1000); // I²C Bus-Geschwindigkeit
  Wire.beginTransmission(MCP23017Addr); // MCP23017-Adresse
  Wire.write(IODIRA);                   // Port A IODIRA wählen
```

```
    Wire.write(0x00);                    // Alle Pins als Ausgänge
    Wire.endTransmission();              // Ende der I²C-Kommunikation

    delay(500);                          // Kurze Pause

    Wire.beginTransmission(MCP23017Addr); // MCP23017-Adresse
    Wire.write(GPIOA);                   // Port A wählen
    Wire.write(0b00001010);              // Bitmuster senden
    Wire.endTransmission();              // Ende der I²C-Kommunikation
}

void loop() { /* leer */ }
```

Um überhaupt die Funktionalität der Ansteuerung des I²C-Busses in der Arduino-IDE nutzen zu können, ist die Einbindung der *Wire*-Bibliothek erforderlich. Im oberen Teil der *setup*-Funktion wird der MCP23017 konfiguriert, wobei alle Pins von Port A als Ausgänge programmiert werden. Über die *begin*-Methode der *Wire*-Bibliothek wird mitgeteilt, an welchen Pins die SDA- und SCL-Signale zu finden sind. Kommen wir nun zum allgemeinen Ablauf einer I²C-Transmission und sehen uns den Ablauf bzw. das Prinzip genauer an:

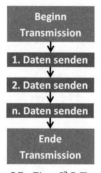

Abbildung 25: Eine I²C-Transmission

Diese allgemeine Darstellung wird im Code konkret wie folgt umgesetzt:

```
    Wire.beginTransmission(MCP23017Addr); // MCP23017-Adresse
    Wire.write(IODIRA);                  // Port A IODIRA wählen
    Wire.write(0x00);                    // Alle Pins als Ausgänge
    Wire.endTransmission();              // Ende der I²C-Kommunikation
```

Zu Beginn wird über die Angabe der Slave-Adresse die Transmission über die *beginTransmission*-Methode eingeleitet. Mittels einer oder mehrerer Schreibbefehle werden die Daten über die *write*-Methode an den Slave gesendet, und am Ende die Transmission über die *endTransmission*-Methode abgeschlossen.

Ein eigenes I/O-Board
Für umfangreiche Tests mit verschiedenen Konfigurationen eignet sich ein eigenes I/O-

Board hervorragend. In der folgenden Abbildung zeige ich dir ein solches Board, das ich auf einer Lochrasterplatine im Eurokarten-Format (160mm x 100mm) realisiert habe:

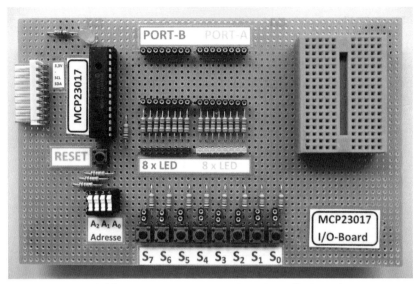

Abbildung 26: Das eigene MCP23017 I/O-Board

Dir stehen je Port 8 Leuchtdioden für die Ansteuerung zur Verfügung und du kannst über 8 Mikrotaster Eingangssignale simulieren. Über ein kleines Breadboard ist es dir möglich, kleine Testschaltungen aufzubauen. In der folgenden Abbildung siehst du die Ansteuerung des I/O-Boards über das Wemos D1 Board:

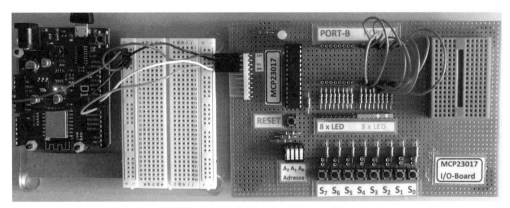

Abbildung 27: Das MCP23017 I/O-Board wird vom Wemos D1 angesteuert

Die Leuchtdioden an Port A leuchten entsprechend dem versendeten Wert für die Bitkombination *00001010* auf. Was spräche nun dagegen, anstelle der Leuchtdioden das 8-Kanal-Relais-Modul anzuschließen?

Der erweiterte Sketch für Node-RED

Kommen wir nun zur Umsetzung des erweiterten Sketches für die Entgegennahme von Befehlen aus Node-RED bzw. MQTT. Ich teile den Sketch wieder in einzelne handliche Gruppen auf und erläutere die Funktionen:

Die Initialisierungen:

Zu Beginn finden die schon bekannten Initialisierungen statt. Diesmal wird zusätzlich noch die *Wire*-Bibliothek eingebunden, denn der Zugriff auf den I²C-Bus wird benötigt:

```
#include <ESP8266WiFi.h>
#include <PubSubClient.h>
#include <Wire.h>

const char* ssid = "EriksHotspot";
const char* password = "SehrGeheim";
const char* mqtt_server = "192.168.178.52";

const byte MCP23017Addr = 0x20; // I²C-Basisadresse MCP23017
const byte GPIOA  = 0x12; // Register Port A
const byte GPIOB  = 0x13; // Register Port B
const byte IODIRA = 0x00; // Register IO-Direction Port A
const byte IODIRB = 0x01; // Register IO-Direction Port B

WiFiClient espClient;
PubSubClient client(espClient);
```

Die Wifi-Initialisierungen:

Die Initialisierungen des Wifi in der *setup_wifi*-Funktion werden unverändert aus den vorangegangenen Hacks übernommen:

```
void setup_wifi() {
  delay(10);
  // We start by connecting to a WiFi network
  Serial.println();
  Serial.print("Connecting to ");
  Serial.println(ssid);
  WiFi.begin(ssid, password);
  while(WiFi.status() != WL_CONNECTED) {
    delay(500);
    Serial.print(".");
  }
  randomSeed(micros());
  Serial.println("");
  Serial.println("WiFi connected");
  Serial.println("IP address: ");
  Serial.println(WiFi.localIP());
}
```

Die reconnect-Funktion:

In der *reconnect*-Funktion habe ich eine Anpassung vorgenommen, die dich vielleicht ein wenig verwundern wird:

```
void reconnect() {
  // Loop until we're reconnected
  while(!client.connected()) {
    Serial.print("Attempting MQTT connection...");
    // Create a random client ID
    String clientId = "ESP8266Client-";
    clientId += String(random(0xffff), HEX);
    // Attempt to connect
    if(client.connect(clientId.c_str())) {
      Serial.println("connected");
      client.subscribe("Wohnhaus/Arbeitszimmer/wemosd1/relais");
      delay(500);
    } else {
      Serial.print("failed, rc=");
      Serial.print(client.state());
      Serial.println(" try again in 5 seconds");
      // Wait 5 seconds before retrying
      delay(5000);
    }
  }
}
```

Im vorangegangenen Beispiel zur Ansteuerung des 4-Kanal-Relais-Moduls habe ich pro Kanal einen Subscribe für MQTT vorgenommen, und hier ist lediglich ein einziger vorhanden:

```
client.subscribe("Wohnhaus/Arbeitszimmer/wemosd1/relais");
```

Wie soll das funktionieren, wenn ich von Node-RED aus den Wert *true* bzw. *false* pro Relais versende und hier nur einen Subscribe als Empfänger definiere? Die Antwort liegt im Versenden von mehr als nur den Wert true bzw. false. Ich greife an dieser Stelle ein wenig vor und zeige dir die Konfiguration der ersten *switch*-Node aus Node-RED:

Abbildung 28: Die Konfiguration des Payloads der switch-Node

Wie du siehst, versende ich hier beim Aktivieren des Schalters den Wert 1/1 und beim Deaktivieren 1/0. Welcher Sinn steckt dahinter? Das ist recht einfach: Der erste Wert steht für die Nummer des Relais und der zweite für dessen Status. Für Relais 2 würden die Werte zur Aktivierung 2/1 und zur Deaktivierung 2/0 lauten. Auf diese Weise kann ich einen Subscribe verwenden und so die Informationen zur Relais-Ansteuerung in einer einzigen Zeichenkette senden. Dazu später mehr.

Die setup-Funktion:

In der *setup*-Funktion erfolgen die bekannten Initialisierungen für den MQTT-Server und das Wifi sowie jetzt zusätzlich für den I²C-Bus:

```
void setup() {
  Serial.begin(115200); // Konfiguration der seriellen Schnittstelle
  setup_wifi(); // Initialisierung der Wifi-Verbindung
  client.setServer(mqtt_server, 1883); // Initialisierung MQTT-Server
  client.setCallback(callback); // Definition der Callback-Funktion
  Wire.begin(2, 0);    // GPIO2 (SDA), GPIO0 (SCL)
  Wire.setClock(1000); // I²C Bus-Geschwindigkeit

  Wire.beginTransmission(MCP23017Addr); // MCP23017-Adresse
  Wire.write(IODIRA);              // Port A IODIRA wählen
  Wire.write(0x00);                // Alle Pins als Ausgänge
  Wire.endTransmission();          // Ende der I²C-Kommunikation
}
```

Die loop-Funktion:

Die *loop*-Funktion bleibt unverändert im Vergleich zu den vorangegangenen Beispielen:

```
void loop() {
  if(!client.connected()) {
    reconnect();
  }
  client.loop();
}
```

Die callback-Funktion:

In der *callback*-Funktion finden einige gravierende Änderungen statt, die wir genauer beleuchten müssen:

```
void callback(char* topic, byte* payload, unsigned int length) {
  String msg;
  Serial.print("Message arrived [");
  Serial.print(topic);
  Serial.print("] ");
  for(int i = 0; i < length; i++) {
    Serial.print((char)payload[i]);
    msg += (char)payload[i];
  }
```

```
      Serial.println();
    if(String(topic) == "Wohnhaus/Arbeitszimmer/wemosd1/relais") {
      byte relais = msg.substring(0).toInt();
      byte status = msg.substring(2).toInt();
      byte actualStatus = readGPIO();
      switch(relais) {
        case 1:
          if(status == 0) setRelais(actualStatus &= ~(1<< 0));
          if(status == 1) setRelais(actualStatus |= (1 << 0)); break;
        case 2:
          if(status == 0) setRelais(actualStatus &= ~(1<< 1));
          if(status == 1) setRelais(actualStatus |= (1 << 1)); break;
        case 3:
          if(status == 0) setRelais(actualStatus &= ~(1<< 2));
          if(status == 1) setRelais(actualStatus |= (1 << 2)); break;
        case 4:
          if(status == 0) setRelais(actualStatus &= ~(1<< 3));
          if(status == 1) setRelais(actualStatus |= (1 << 3)); break;
        case 5:
          if(status == 0) setRelais(actualStatus &= ~(1<< 4));
          if(status == 1) setRelais(actualStatus |= (1 << 4)); break;
        case 6:
          if(status == 0) setRelais(actualStatus &= ~(1<< 5));
          if(status == 1) setRelais(actualStatus |= (1 << 5)); break;
        case 7:
          if(status == 0) setRelais(actualStatus &= ~(1<< 6));
          if(status == 1) setRelais(actualStatus |= (1 << 6)); break;
        case 8:
          if(status == 0) setRelais(actualStatus &= ~(1<< 7));
          if(status == 1) setRelais(actualStatus |= (1 << 7)); break;
      }
    }
  }
```

Über die beiden folgenden Zeilen

```
    byte relais = msg.substring(0).toInt();
    byte status = msg.substring(2).toInt();
```

wird sowohl der Relais-Index, als auch dessen angeforderter Status abgefragt. Wir nutzen dazu die *substring*-Methode mit der Angabe der Zeichenkettenposition. Über die später angefügte *toInt*-methode wird die Zeichenkette in einen Integerwert umgewandelt. Hier die entsprechenden Internetadressen für eine genauere Beschreibung der verwendeten Methoden:

https://www.arduino.cc/en/Reference/StringSubstring

https://www.arduino.cc/en/Reference/StringToInt

Bei der Ansteuerung der einzelnen Bits von Port A muss eine Besonderheit beachtet werden. Du kannst nicht einfach ein Bit setzen bzw. löschen, ohne auf die anderen Bits zu achten, denn diese dürfen von dieser Aktion nicht berührt werden. Aus diesem Grund verwende ich Befehle für die Bit-Manipulation, die unter der folgenden Internetadresse im Detail beschrieben werden:

https://www.mikrocontroller.net/articles/Bitmanipulation

Sehen wir uns den Vorgang der Ansteuerung eines Relais genauer an. Bisher haben wir nur mit Leuchtdioden gearbeitet, doch bis zur Umsetzung mit dem 8-Kanal-Relais-Modul ist es lediglich noch ein kleiner Schritt, der nun folgt. Über die *switch-case*-Anweisung wird das angeforderte Relais ausgewählt, denn der Index ist ja in der Variablen *relais* gespeichert:

```
switch(relais) {
    case 1:
      if(status == 0) setRelais(actualStatus &= ~(1<< 0));
      if(status == 1) setRelais(actualStatus |= (1 << 0)); break;
    ...
    }
  }
}
```

Wenn Relais 1 angefordert wird, kommt es zur Auswertung des abgefragten Status, der in der gleichnamigen Variablen gespeichert ist. Doch Vorsicht! Ich hatte ja erwähnt, dass das Relais-Board mit einem LOW-Pegel angesteuert wird. Was hier mit den Leuchtionen funktioniert, muss für das Board im Hinblick auf die Pegel umgekehrt werden. Du musst dazu lediglich die Status-Abfrage umkehren, so dass sie wie folgt lautet:

```
switch(relais) {
    case 1:
      if(status == 1) setRelais(actualStatus &= ~(1<< 0));
      if(status == 0) setRelais(actualStatus |= (1 << 0)); break;
    ...
    }
  }
}
```

Um nun aber ein einzelnes Bit zu manipulieren, sind zwei zusätzliche Funktionen erforderlich: Zum einen benötigen wir die Funktion für das Setzen des MCP23017-Pins über I^{2}C, die *setRelais* lautet. Zum anderen müssen wir den Zustand der Bits vor dem Manipulieren ermitteln, denn das ist nötig, um nur das betreffende Bit zu ändern und nicht alle anderen Zustände zu gefährden. Dazu verwenden wir die *actualStatus*-Funktion. Beide werde ich jetzt vorstellen.

Die setRelais-Funktion:

Die *setRelais*-Funktion setzt über I²C das angeforderte Bit:

```
void setRelais(byte value) {
  Wire.beginTransmission(MCP23017Addr); // MCP23017-Adresse
  Wire.write(GPIOA);                     // Port A IODIRA wählen
  Wire.write(value);                     // Pins manipulieren
  Wire.endTransmission();                // Ende der I²C-Kommunikation
}
```

Wir übergeben der Funktion den Wert des Bits, das manipuliert werden soll.
Die actualStatus-Funktion:

Über die *actualStatus*-Funktion wird der aktuelle Status der Bits ermittelt:

```
byte readGPIO() {
  byte value;
  Wire.beginTransmission(MCP23017Addr); // MCP23017-Adresse
  Wire.write(GPIOA);                     // Port A IODIRA wählen
  Wire.endTransmission();
  Wire.requestFrom(MCP23017Addr, 1);     // 1 Byte anfordern
  value = Wire.read();                    // 1 Byte abrufen
  Wire.endTransmission();                // Ende der I²C-Kommunikation
  return value;
}
```

Für das Abrufen wird die *requestFrom*-Methode mit der Angabe der Anzahl der zu erwarten-
den Bytes aufgerufen, und mit der nachfolgenden *read*-Methode wird dieser Wert endgültig
in der Variablen *value* gespeichert.

Kommen wir nun zu Node-RED und dessen Flow.

Der Node-RED-Flow

Der Node-RED-Flow für das Versenden der MQTT-Nachrichten sieht wie folgt aus, wobei
ich lediglich den Flow für ein Relais erläutern werde, denn alle übrigen sind analog dazu
aufgebaut:

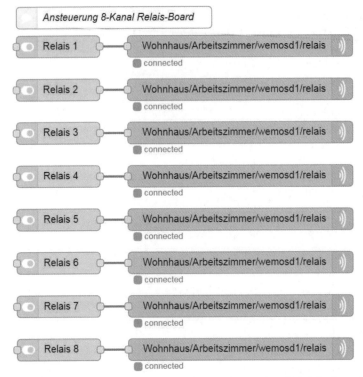

Abbildung 29: Der Flow zur Ansteuerung des 8-Kanal-Relais-Boards

Die Konfiguration der *switch*-Node für Relais 1 sieht folgendermaßen aus:

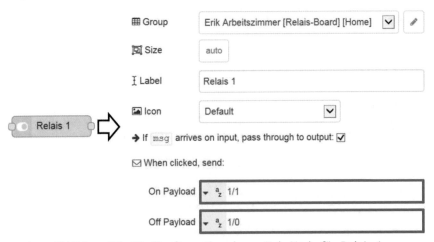

Abbildung 30: Die Konfiguration der switch-Node für Relais 1

Ich habe den für alle weiteren Switches 2 bis 8 zu editierenden Bereich rot markiert. Hier musst du lediglich die erste Ziffer durch den Relais-Index ersetzen - für Relais 2 den Wert 2, für Relais 3 den Wert 3 und so weiter und so fort. Die *mqtt*-Nodes werden so wie gezeigt konfiguriert und besitzen immer den gleichen Topic. Im Benutzerinterface ergibt sich dann die folgende Anzeige mit den 8 Schaltern:

Abbildung 31: Das Benutzerinterface für das 8-Kanal-Relais-Modul

Der Schaltungsaufbau

Der Aufbau der Schaltung ist recht schnell realisiert - mit einem I/O-Board erst recht. Später kannst du nach dem ausführlichen Testen die komplette Schaltung auf einer einzigen Platine unterbringen:

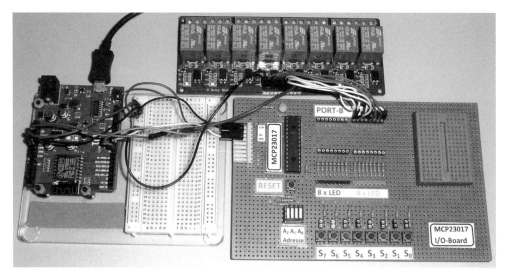

Abbildung 32: Das MCP23017 I/O-Board mit dem 8-Kanal-Relais-Board

Was hast du gelernt

In diesem Hack hast du die Ansteuerung eines Relais-Moduls kennengelernt. Was zuvor über den Arduino-Uno nur kabelgebunden möglich war, haben wir mit dem Wemos D1 Board, das standardmäßig mit einem ESP8266 ausgestattet ist, per Wifi realisiert. Über dieses kannst du die unterschiedlichsten Verbraucher mit einer Versorgungsspannung von bis zu 240V steuern. Mittels I^2C-Bus hast du den Port-Expander MCP23017 angesteuert und darüber ein 4- bzw. 8-Kanal-Relais-Board kontrolliert.

Hack 13 • Das Sense HAT

In diesem Hack möchte ich dir ein spezielles Board für den Raspberry Pi vorstellen, das standardmäßig von Node-RED unterstützt wird. Es nennt sich *Sense HAT* und wird auf die GPIO-Leiste des Raspberry Pi gesteckt:

Abbildung 1: Das Sense HAT

Das Board verfügt über einige Sensoren, eine RGB-LED-Matrix, und einen kleinen Joystick. In der folgenden Liste habe ich die wichtigsten mit den entsprechenden Eckdaten zusammengefasst:

- ein Gyroscope - Winkelgeschwindigkeitssensor: +/- 245/500/2000 dps
- ein Accelerometer - Linearbeschleunigungssensor: +/- 2/4/8/16 G
- ein Magnetometer - Magnetsensor: +/- 4/8/12/16 Gauß
- ein Barometer - Luftdruckmesser: 260 - 1260 hPa absoluter Bereich
- ein Temperaturfühler (+/-2 Grad Celsius Genauigkeit, im Bereich von 0 bis 65 Grad Celsius)
- ein Feuchtesensor zur Messung der relativen Luftfeuchtigkeit (Genauigkeit +/- 4,5% im Bereich von 20-80%, Genauigkeit +/- 0,5 Grad Celsius Im Bereich von 15 bis 40 Grad Celsius)
- eine 8x8-RGB-LED-Matrix
- ein 5-Tasten-Joystick

In der folgenden Abbildung habe ich einmal ein paar Umweltdaten der Sense HAT-Sensoren im Benutzerinterface anzeigen lassen:

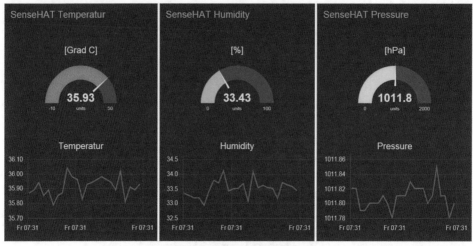

Abbildung 2: Das Sense HAT liefert Umweltdaten an das Benutzerinterface

Das Ganze ist in weniger als 3 Minuten realisiert und es muss nicht eine Sekunde Zeit darauf verwendet werden, die entsprechenden Sensoren mit dem Raspberry Pi zu verbinden und Datenblätter bzw. Schaltpläne zu wälzen. Dies ist eine schnelle und saubere Angelegenheit, wenn es darum geht, Umweltdaten zu visualisieren. Wir sehen uns das natürlich gleich im Detail an, denn es gibt noch viel mehr über das Sense HAT zu berichten. Unter der folgenden Internetadresse findest du weitergehende Informationen zum Sense HAT:

https://flows.nodered.org/node/node-red-node-pi-sense-hat

Es gibt sogar einen Sense HAT-Simulator für Node-RED, den du dir unter der folgenden Internetadresse anschauen bzw. installieren kannst:

https://flows.nodered.org/node/node-red-node-pi-sense-hat-simulator

Die Sensoren des Sense HAT
Werfen wir einen Blick von oben auf das Board:

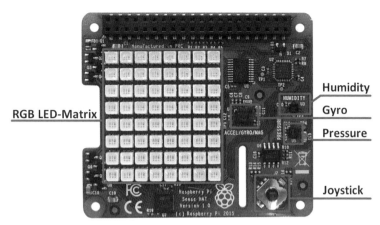

Abbildung 3: Das Sense HAT von oben

Du siehst die große LED-Matrix, die aus 8x8 LEDs besteht, wobei jede LED über einen RGB-Wert separat angesteuert werden kann. Des Weiteren befinden sich auf der rechten Seite die in der Auflistung genannten Sensoren und ein kleiner Joystick am rechten unteren Rand. Das Board vereint also sowohl zahlreiche grundlegende Umweltsensoren, eine Anzeige und eine Eingabemöglichkeit, die alle für sehr viele Hacks genutzt werden können. Es gibt unzählige Anwendungsgebiete, die den Einsatz des Boards bzw. den Kauf rechtfertigen. Das *HAT*, wie sich eine Aufsteckplatine im Raspberry Pi-Umfeld nennt, schlägt mit ca. 36€ zu Buche. Wir wollen mit ein paar grundlegenden Beispielen beginnen. In der Einleitung hast du schon das Benutzerinterface zur Darstellung von Temperatur, Luftfeuchtigkeit und Luftdruck gesehen. Ich zeige dir, wie einfach es ist, diese Werte abzufragen.

Die Umweltdaten des Sense HAT
Um die schon gezeigten Messwerte mit Zeigerinstrumenten bzw. Graphen zu visualisieren, kannst du die folgende Konfiguration der *function*-Node verwenden, die über drei Ausgänge die nachfolgenden Anzeigeinstrumente mit Daten versorgt. Die Abfrage des Sense HAT erfolgt über entsprechende Nodes, die im Node-RED auf dem Raspberry Pi schon vorinstalliert sind:

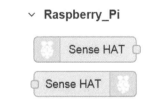

Abbildung 4: Das Sense HAT mit seinen Nodes

Die obere Node in der Abbildung ist die *rpi-sensehat in*-Node und die untere die *rpi-sensehat out*-Node. Doch wie gelangen die Umwelt-Messwerte des Sense HAT überhaupt in den Flow? Dies geschieht diesmal nicht über die *inject*-Node, sondern über die gezeigte *rpi-sensehat in*-Node. Dabei muss vorher definiert werden, welche Messdaten in den Flow eingespeist werden sollen. Du kannst diese Node daher wie folgt konfigurieren:

Abbildung 5: Die Konfiguration der sensehat-in-Node für die Umweltdaten

Du siehst, dass die Messwerte in drei Kategorien unterteilt sind:

- *Motion events* (Bewegungsdaten): Beschleunigungswerte, Kreiselwerte, Magnet-werte und Kompasswerte
- Environment events (Umgebungsdaten): Temperatur, Feuchtigkeit und Luftdruck
- Joystick events: Joystickposition

Ich habe das Häkchen in der Mitte gesetzt, denn ich möchte nur die Umgebungsdaten ermitteln. Diese Node sendet dann ihre Messwerte über *msg.payload* mit den hier angege-benen Eigenschaften:

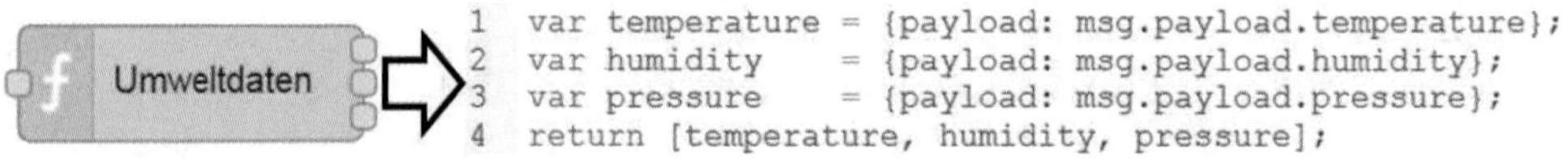

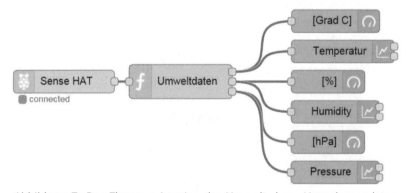

Abbildung 6: Die Konfiguration der function-Node

Die *function*-Node besitzt drei Ausgänge für je einen der Umgebungsdaten, so dass der komplette Flow sich wie folgt darstellt:

Abbildung 7: Der Flow zur Anzeige der Umwelt- bzw. Umgebungsdaten

Damit das Benutzerinterface wie in der nachfolgenden Abbildung aussieht

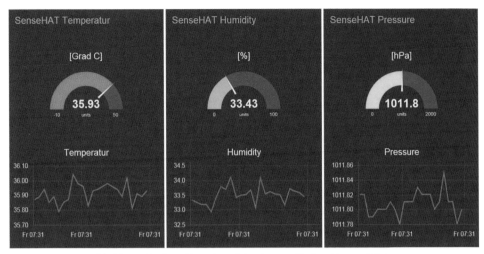

Abbildung 8: Das Benutzerinterface mit den Umweltdaten

habe ich das Layout im Dashboard-Manager wie folgt konfiguriert:

Abbildung 9: Das Layout für das Benutzerinterface

Über eine entsprechende Gruppierung habe ich die korrespondierenden Anzeigeinstrumente zusammengefasst, so dass diese gruppenweise untereinander angeordnet werden. Im nächsten Beispiel sehen wir uns die Bewegungsdaten an und wie diese abgerufen werden.

Die Bewegungsdaten des Sense HAT

Damit du die Bewegungsdaten vom Sense HAT verarbeiten kannst, müssen diese über das entsprechende Häkchen angefordert werden:

Abbildung 10: Die Konfiguration der sensehat-in-Node für die Bewegungsdaten

Die Beschleunigungswerte werden wie folgt abgerufen:

- acceleration.x
- acceleration.y
- acceleration.z

Die Gyroscopewerte werden folgendermaßen angefordert:

- gyroscope.x
- gyroscope.y
- gyroscope.z

Die Magnetometerwerte werden wie folgt abgefragt:

- orientation.roll
- orientation.pitch
- orientation.yaw

Die Kompasswerte werden folgendermaßen abgerufen:

- compass

Der Joystick des Sense HAT

Damit du die Joystick-Daten vom Sense HAT verarbeiten kannst, müssen diese über das entsprechende Häkchen angefordert werden:

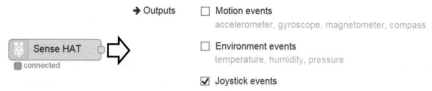

Abbildung 11: Die Konfiguration der sensehat-in-Node für die Joystick-Daten

Der Joystick verfügt über vier Richtungspositionen und eine Statusposition beim Drücken des Joysticks, die in *key* gespeichert werden:

state	Erklärung
UP	hoch
DOWN	runter
LEFT	links
RIGHT	rechts
ENTER	gedrückt

*Tabelle 1: **key**-Werte*

Der Status des Joysticks wird dabei in *state* gespeichert:

state	Erklärung
0	Key wurde losgelassen
1	Key wurde kurzzeitig gedrückt
2	Key wurde ständig gedrückt

*Tabelle 2: **state**-Werte*

Im Debug-Fenster kannst du dir Beispiele der Nachrichten anschauen. Die folgende Ausgabe erfolgt beim kurzzeitigen Bewegen des Joysticks nach rechts:

24.07.2017 08:42:13   94e1cc81.ecf588

joystick : msg.payload : Object

{ "key": "RIGHT", "state": 1 }

Die RGB-LEDs des Sense HAT

Kommen wir nun zu der 8x8 großen RGB-LED-Matrix. Diese kann in vielfältiger Weise angesteuert werden. Dazu musst du die Output-Node des Sense HAT verwenden:

Um eine einzelne LED aufleuchten zu lassen, verwendest du das folgende Format:

```
<x>, <y>, <colour>
```

Die Werte für x und y sind Koordinatenwerte, die sich zwischen 0 und 7 bewegen dürfen. Der Stern (*) markiert dabei eine komplette Zeile bzw. Spalte. Hinsichtlich der Farbe kannst du folgende Formate verwenden:

- HEX-Wert: z.B. aa991e
- RGB-Wert: z.B. 128, 255, 34
- HTML-Namen: z.B. red, green, blue, etc.
- Dunkel: off

Sehen wir uns dazu ein paar Beispiele an. Ich verwende dazu den folgenden Flow und ändere lediglich in der *function*-Node *die msg.payload*-Nachricht ab:

Abbildung 12: Der Flow zur Ansteuerung der RGB-LED-Matrix

Beispiel 1:

```
msg.payload = ,0,0,red';
return msg;
```

Ergebnis 1:
Es wird die LED links oben im Koordinatenursprung 0,0 mit der Farbe *red* angesteuert:

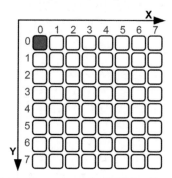

Abbildung 13: Die Ansteuerung der LED im Koordinatenursprung

Beispiel 2:

```
msg.payload = '4,6,green';
return msg;
```

Ergebnis 2:
Es wird die LED mit den Koordinaten 4,6 mit der Farbe *green* angesteuert:

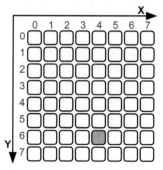

Abbildung 13: Die Ansteuerung der LED mit den Koordinaten (4,6)

Beispiel 3:

```
msg.payload =
        ,0,0,red,' +
        '0,7,#00ff00,' +
        '7,7,yellow,7,0,0,0,255';
return msg;
```

Ergebnis 3:

Bei diesem Beispiel werden mehrere LEDs in unterschiedlichen Farben an den vier Ecken zum Leuchten gebracht:

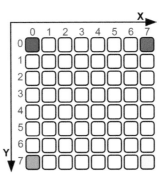

Abbildung 14: Die Ansteuerung der LEDs in den vier Ecken

Beispiel 4:

```
msg.payload =
        ,*,0,red';
return msg;
```

Ergebnis 4:

Bei diesem Beispiel leuchten alle LEDs in der obersten Reihe rot:

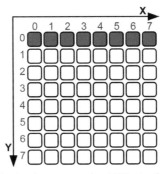

Abbildung 15: Die Ansteuerung der LEDs in der obersten Reihe

Du siehst, dass die Ansteuerung recht flexibel ist und viele Möglichkeiten zur Farbgestaltung bietet. Um die Ansteuerung flexibel zu gestalten, lagern wir die Koordinaten bzw. die Farbe am besten in Variablen aus. Schauen wir uns den folgenden Flow mit der Konfiguration der *function*-Node an:

Abbildung 16: Der Flow zur Ansteuerung der RGB-LED-Matrix

Die Konfiguration der *function*-Node sieht wie folgt aus:

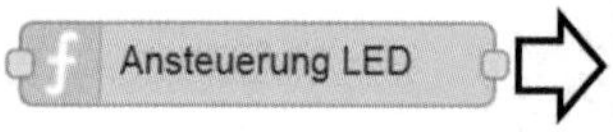

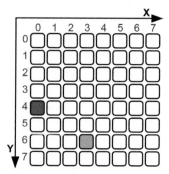

```
1   var xPos1 = 0;          // x-position LED 1
2   var yPos1 = 4;          // y-position LED 1
3   var c1    = "red";      // Farbe LED 1
4   var xPos2 = 3;          // x-position LED 2
5   var yPos2 = 6;          // y-position LED 2
6   var c2    = "green";    // Farbe LED 2
7   msg.payload = xPos1+","+yPos1+","+c1;
8   msg.payload += ","+xPos2+","+yPos2+","+c2;
9   return msg;
```

Abbildung 17: Die Konfiguration der function-Node

Das Ergebnis auf der RGB-LED-Matrix zeigt uns die Ansteuerung zweier Punkte:

Abbildung 18: Die Ansteuerung von zwei LEDs

Die Nachricht *msg.payload* enthält in diesem Fall die Informationen zur Ansteuerung von zwei LEDs.

Das Anzeigen von Text

Wenn es darum geht, Text auf dem Sense HAT anzuzeigen, und das mit einer 8x8-LED-Matrix, ist diesbezüglich recht wenig Platz vorhanden. Doch für einen Lauftext reicht es allemal. Du musst nur die anzuzeigende Nachricht der *msg.payload* übergeben und ggf. noch die folgenden Werte anpassen:

- *msg.color* - die Textfarbe, default: white
- *msg.background* - die Hintergrundfarbe, default: off
- *msg.speed* - die Scroll-Geschwindigkeit. (1: langsam / 5: schnell, default: 3)

Wenn du z.B. die *function*-Node wie folgt konfigurierst, wird der Text rot angezeigt und bewegt sich mit recht hoher Geschwindigkeit auf einem grauen Hintergrund:

```
1  var showText = {payload: "Hallo"};
2  showText.background = '#333333';
3  showText.color = 'red';
4  showText.speed = 4;
5  return showText;
```

Abbildung 19: Die Konfiguration der function-Node

Mit diesem Ansatz kannst du wunderbar deine Mailbox überwachen lassen. Wenn eine Mail eintrifft, wird ein bestimmter Text angezeigt - also z.B. *Mail incomming*! Dies lässt sich auf sehr einfache Weise mittels der *email-in*-Node aus der *social*-Palette realisieren:

Über den folgenden Flow lasse ich mir den Text in Laufschrift anzeigen:

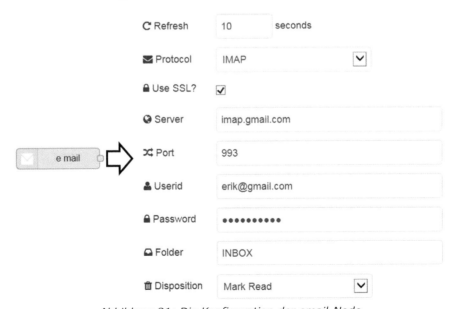

Abbildung 20: Der Flow zur Überwachung des Email-Eingangs

Du siehst, dass die *email*-Node gerade versucht, eine mögliche Nachricht auf dem Server zu finden, was über die *Fetchting*-Meldung signalisiert wird. Schauen wir uns die entsprechende *email*-Node-Konfiguration an:

↻ Refresh	10	seconds
✉ Protocol	IMAP	∨
🔒 Use SSL?	☑	
🌐 Server	imap.gmail.com	
⚹ Port	993	
👤 Userid	erik@gmail.com	
🔒 Password	••••••••••	
🗀 Folder	INBOX	
🗑 Disposition	Mark Read	∨

Abbildung 21: Die Konfiguration der email-Node

Trage hier die erforderlichen Daten für den Zugriff auf deinen Email-Server ein. Mein Account ist bei Google-Mail beheimatet und die Server-Informationen sind schon vorbelegt. Wenn du über einen ähnlichen Account bei Google verfügst, musst du lediglich den Usernamen und das Passwort eintragen. Ganz oben in der ersten Zeile habe ich noch das Intervall für die Abfrage eingesetzt, die in meinem Fall alle 10 Sekunden erfolgt. Die restlichen Felder sind selbsterklärend. Die Konfiguration der *function*-Node sieht bei mir wie folgt aus:

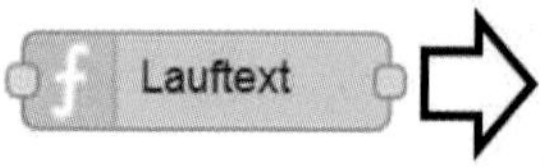

```
1  var showText = {payload: "Mail incomming!"};
2  showText.color = 'red';
3  showText.speed = 1;
4  return showText;
```

Abbildung 22: Die Konfiguration der function-Node

Hinsichtlich der empfangenen Mail kannst du natürlich auf gewisse Charakteristika reagieren, z.B. auf folgende:

- msg.topic (Betreff)
- msg.payload (Body / Plain-Text)
- msg.html (Body / HTML)
- msg.from (Sender)
- msg.date (Sendedatum)
- msg.header (Email-Header, wie z.B. to, cc, bcc, etc.)
- msg.attachment (Anhänge)

Damit stehen dir zahlreiche Möglichkeiten offen, auf eingehende Mails zu reagieren und passende Meldungen auf der RGB-LED-Matrix anzuzeigen. Natürlich ist es unsinnig, ganze Mail-Inhalte dort anzuzeigen, doch Statusmeldungen mit unterschiedlichen Texten in verschiedenen Farben bringen hier Leben in die Bude.

Auf Schlüsselwort im Mail-Subject reagieren

Sehen wir uns dazu ein kleines Beispiel zur Farbsteuerung der Nachricht an, bei der eine Farbe signalisiert, ob sich in der Betreffzeile, also dem Subject, ein bestimmtes Schlüsselwort verbirgt. Nehmen wir einmal an, du möchtest auf das Wort *Wichtig* in der Betreffzeile hingewiesen werden und das mit einer roten *Mail incomming*-Nachricht. Alle anderen Mails werden in grüner Schrift angekündigt. Hierfür musst du lediglich die *function*-Node wie folgt konfigurieren:

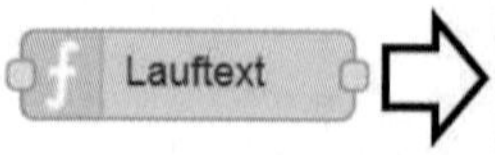

```
1  var showText = {payload: "Mail incomming!"};
2  if(msg.topic.indexOf("Wichtig") > -1)
3      showText.color = 'red';
4  else
5      showText.color = 'green';
6  showText.speed = 1;
7  return showText;
```

Abbildung 23: Die Konfiguration der function-Node

Wir verwenden in Zeile 2 eine neue Methode, die sich *indexOf* nennt und nach einem angegebenen Schlüsselwort in der Zeichenkette sucht. Wenn das Schlüsselwort *Wichtig* in *msg.topic* enthalten ist, und das an irgendeiner beliebigen Position, wird die Startposition zurückgeliefert. Wird das Schlüsselwort jedoch nicht gefunden, dann lautet der Rückgabewert *-1*. Nähere Informationen zur *indexOf*-Methode findest du unter der Internetadresse:

https://www.w3schools.com/jsref/jsref_indexof.asp

Du kannst das Ganze natürlich so ausweiten, dass du z.B. im Mail-Text die Informationen zur Ansteuerung der LEDs hinterlegst. Schauen wir uns den folgenden Flow an:

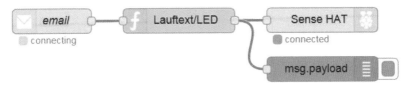

Abbildung 24: Der Flow zur Überwachung des Email-Eingangs und der Ansteuerung der LEDs

Die Konfiguration der *function*-Node habe ich ein wenig angepasst:

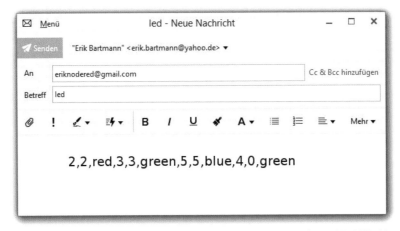

```
1   var showContent = {payload: "Mail incomming!"};
2   if(msg.topic.indexOf("Wichtig") > -1)
3       showContent.color = 'red';
4    else
5       showContent.color = 'green';
6   if(msg.topic.indexOf("led") > -1)
7       showContent.payload = msg.payload;
8   showContent.speed = 1;
9   return showContent;
```

Abbildung 25: Die Konfiguration der function-Node

Versende doch eine Mail an die überwachte Adresse, und zwar in der folgenden Form:

Abbildung 26: Das Versenden einer Mail zur Ansteuerung der RGB-LED-Matrix

Das Ergebnis wird dann wie folgt aussehen:

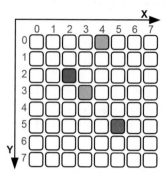

Abbildung 27: Die Ansteuerung von LEDs über den Mail-Text

Achte jedoch darauf, dass du solche Mails nicht in zu geringen Abständen versendest, denn der Provider bzw. das Email-System könnte dies z.B. als einen Spam-Angriff deuten und die Mails blockieren.

Was hast du gelernt
Bei diesem Hack haben wir lediglich an der Oberfläche dessen gekratzt, was mit dem *Sense HAT* alles möglich ist. Das Board hat es aufgrund seiner Popularität sogar bis ins All geschafft. Entsprechende Informationen sind unter der folgenden Internetadresse zu finden:

https://astro-pi.org/

Du hast gesehen, dass auf dem HAT die unterschiedlichsten Sensoren, eine RGB-LED-Matrix und ein Joystick untergebracht sind. Darüber kannst du die unterschiedlichsten Experimente realisieren und hierbei sicherlich viel Spaß haben. Wir haben ein Mail-Überwachungssystem aufgebaut, das bei eintreffenden Nachrichten einen Lauftext auf der LED-Matrix anzeigt. Des Weiteren haben wir über eine Mail die einzelnen LEDs der LED-Matrix angesteuert, und das alles mittels bestimmter Informationen innerhalb der Betreffzeile bzw. des Mail-Textes.

Hack 14 • Zugriff auf den Raspberry Pi von jedem beliebigen Ort

Wenn du z.B. die Temperatur, einen Sicherheitsschalter an einer Tür oder an einem Fenster bei dir zu Hause überwachen möchtest, ist das sicherlich kein Problem, solange du dich zu Hause befindest und mit deinem Smartphone Zugriff auf dein Heimnetz hast. Wenn du jedoch unterwegs bist und von deinem Urlaubsort etwas in deinem Haus überwachen möchtest, sieht es mit dieser Methode schlecht aus, denn du hast keinen unmittelbaren Zugriff auf dein Netzwerk, das sich ja an einem ganz anderen Ort befindet und über das Internet nicht so ohne Weiteres zu erreichen ist. Was also tun? Es wäre doch sicherlich genial, einen Zugriff auf dein Heimnetz zu realisieren, egal, wo du dich gerade in der Welt befindest. Eine charmante Lösung bietet *ngrok*, das über die folgende Internetadresse zu erreichen ist:

https://ngrok.com/

Dieser Service etabliert einen Tunnel durch das Internet bis hin zu deinem Heimnetz bzw. deinem Localhost. Sehen wir uns das Ganze im Detail an.

Die Installation von Ngrok
Bevor du beginnen kannst, musst du natürlich die angegebene Internetseite von Ngrok besuchen und einen Account anlegen.

Das Erstellen eines Ngrok-Accounts
Rufe die angegebene Internetadresse https://ngrok.com auf und klicke auf die nicht zu übersehene Schaltfläche *Sign up for free*.

Secure tunnels to localhost

"I want to expose a local server behind a NAT or firewall to the internet."

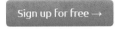

or start by downloading ngrok

Abbildung 1: Einen Ngrok-Account anlegen

Gebe dann beim Sign-Up einen Namen, deine Email-Adresse und ein Passwort an:

Abbildung 2: Das Sign-Up

Wenn diese Schritte erfolgreich abgeschlossen wurden, erhältst du dein Token, das beim späteren Zugriff erforderlich ist und das ich hier schon rot umrandet habe:

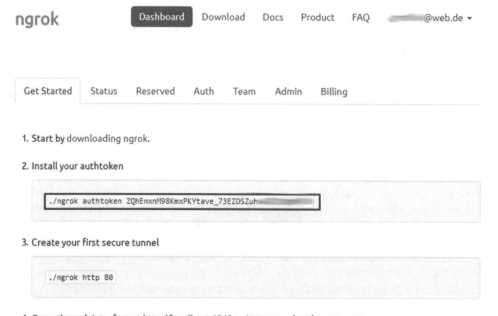

Abbildung 3: Das Token

In dem rot umrandeten Bereich findest du nicht nur das Token, sondern die komplette Befehlszeile zur späteren Aktivierung von Ngrok auf dem Raspberry Pi. Ich werde gleich darauf zurückkommen, denn zuvor müssen wir noch die Ngrok-Software installieren.

Die Installation der Ngrok-Software

Der nächste Schritt besteht in der Installation der Ngrok-Software auf deinem Raspberry Pi. Zu Beginn musst du von der Ngrok-Download-Seite die entsprechenden Sourcen herunterladen. Achte darauf, dass du die ARM-Version von Linux auswählst, die für den Raspberry Pi zwingend ist. Hier die Internetadresse der Download-Seite:

https://ngrok.com/download

Die Ngrok-Software für den Raspberry Pi (ARM-Version)

Klicke auf die grüne Download-Schaltfläche. Nun öffnest du ein Terminal-Fenster auf deinem Raspberry Pi und gibst die folgenden Kommandos ein:

Abbildung 4: Die Ngrok-Software entpacken

Nach dem Download der gepackten Software wechselst du zuerst in das Download-Verzeichnis und entpackst die Datei mit dem *unzip*-Befehl, so wie ich es hier durchgeführt habe. Nun befindet sich ein neuer Ordner mit dem Namen ngrok im Download-Verzeichnis. Du kannst die Software dort belassen oder an eine andere Stelle kopieren. Für unseren ersten Test lasse ich alles so, wie es gerade ist. Im nächsten Schritt ist dein Token erforderlich, das du hinter dem Befehl *./ngrok authtoken* eingibst. Das hat zur Folge, dass im Verzeichnis */home/pi/.ngrok2* eine xml-Datei mit dem Namen *ngrok.xml* angelegt wird, die für die spätere Authentifizierung erforderlich ist. Nun ist es an der Zeit, die Ngrok-Software zu starten, wobei du deinen Benutzernamen und das Passwort verwendest, die du beim Sign-In vergeben hattest:

Abbildung 5: Die Ngrok-Software starten

Nach der Eingabe deiner Daten führst du diesen Befehl mit der abschließenden Angabe des Node-RED-Ports aus und erhältst die folgende Anzeige, die bei dir inhaltlich natürlich etwas anders aussieht:

Abbildung 6: Die Ngrok-Software meldet sich.

Der für dich wichtige Teil dieser Nachricht befindet sich im unteren Bereich und zeigt die URL an, die du verwendest, um über das Internet auf deinen Raspberry Pi respektive dein Node-RED zuzugreifen. Ich habe ihn noch einmal markiert. Diese URL musst du als Adresse in deinen Browser eintragen, wobei ich für das Benutzerinterface noch */ui* angehängt habe:

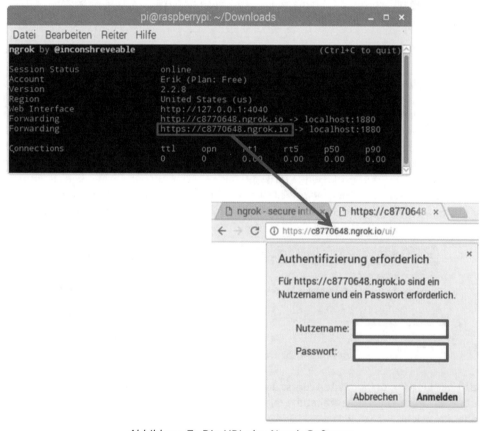

Abbildung 7: Die URL der Ngrok-Software

Anschließend öffnet sich ein Dialog-Fenster, in das du wiederum deinen Benutzernamen und dein Passwort eingibst. Nach kurzer Zeit zeigt sich das Benutzerinterface ganz so, als würdest du lokal darauf zugreifen. Der Unterschied ist jedoch der, dass du jetzt von überall auf der Welt Zugriff darauf hast:

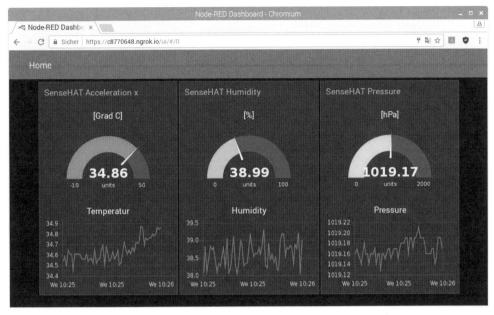

Abbildung 8: Der Zugriff auf das UI über die neue Ngrok-URL

Hier noch ein wichtiger Hinweis zur Sicherheit: Es werden im Ngrok-Fenster zwei URLs angezeigt. Die erste bedeutet einen Zugriff über *http*, die zweite über *https*. Nutze auf jeden Fall den sicheren https-Zugriff, bei dem es sich um eine verschlüsselte Variante handelt. Achte zudem darauf, dass du das Fenster der Ngrok-Software, in dem rechts oben *Ctrl+C to quit* steht, nicht schließt, denn in diesem Fall wird der zuvor aufgebaute Tunnel wieder geschlossen.

Was hast du gelernt
In diesem Hack hast du gesehen, wie du mithilfe der Ngrok-Software einen Tunnel über das Internet aufbauen kannst, so dass ein Zugriff von außen möglich ist.

Index

Notizen